Wie Künstliche Intelligenz (KI) meinen Job klaute

...und bald auch Ihren übernimmt!

von Pavle Madzirov M.A.

Der Digitaldirektor

Ausgabe 1, Mai 2023

Pavle Madzirov M.A.

Email: pavlemadzirov@gmx.de
Websites: www.pavle-madzirov.de
           www.pavlemadzirov.de
           www.derdigitaldirektor.de

Facebook: https://www.facebook.com/pavle.madzirov/?locale=de_DE
Youtube:https://www.youtube.com/channel/UCmjkpqjOP1kBh87595SxXLQ

Vorwort

Liebe Leserinnen und Leser,

als Schulleiter einer mehrfach im Bereich Digitalisierung ausgezeichneten Schule stehe ich täglich vor der Herausforderung, unsere Schule weiterzuentwickeln und in die Zukunft zu führen. In einer Welt, in der Künstliche Intelligenz (KI) unsere Jobs zu klauen droht, scheint es, als würde auch mein Beruf bald auf dem Spiel stehen! Diese Diskussionen laufen derzeit auf allen Kanälen und eine Umfrage einer Lehrergewerkschaft (April 2023) zeigt, wie gespalten auch die Lehrerschaft bei dieser Thematik ist: 50 % sehen KI als Chance, für die anderen 50% ist KI eine Bedrohung. Aus diesem Grunde habe ich seit Dezember 2022 (ChatGPT wurde veröffentlicht) einen Großteil meiner Tätigkeit durch oder mit KI Tools erledigt. Dazu später mehr. Das Thema rückt seitdem immer mehr in den Fokus der Öffentlichkeit und kurz vor Abschluss dieses Buches, lese ich dazu passend in der Presse einen Artikel (4.4.23 in der WELT), dass KI Tools wohl nicht nur meinen Job bedrohen. Unter der Überschrift „Konkurrenz für gut bezahlte Wissensarbeiter" werden Berufe aufgezählt, die von künstlicher Intelligenz übernommen werden. Dies ist keine Science Fiction Vision für eine entfernte Zukunft, es passiert JETZT, auch wenn man den Eindruck hat, dass viele Menschen dies entweder nicht realisiert haben, oder es schlichtweg nicht glauben wollen, dass ihre Arbeitskraft von einer KI ersetzt werden könnte. Ich gehörte zur letzten Gruppe. Der Artikel in der WELT zeigt eindrucksvoll auf, dass Fachwissen alleine nicht mehr ausreicht, um beruflich auf der sicheren Seite zu stehen.

Gut bezahlte Berufe, die sich bisher vor Veränderungen in Sicherheit wähnten, werden nun ins Visier von KI Tools geraten. Im Artikel wird aufgezeigt, wie ChatGPT (das bisher stärkste KI Tool in Form eines Chatbots) in Sekunden Aufträge mit SAP Anwendungen durchführen kann, ohne dass man selbst dafür Fachwissen benötigt. Die Aufgaben wurden nicht nur schnell gelöst, sondern sogar mit kreativen Vorschlägen für die Weiterarbeit versehen. IT-Experten, Personalberater und Strategie- Manager, die bisher unantastbar schienen, werden in Bedrängnis geraten, da diese Art der Arbeit nun auch von KI übernommen werden kann und somit für jeden diese Kompetenzen zugänglich sind, ohne eigenes Vorwissen in diesem Bereich zu besitzen. Eine Studie von OpenAI (ChatGPT Anbieter) kommt zu dem Schluss, dass fast 50 % aller Angestellten mindestens die Hälfte ihrer Arbeit durch KI erledigen lassen können. Unter der Aufzählung der Berufe, die am stärksten betroffen sind, befinden sich mit den Bereichen BWL, Jura und IT überraschenderweise Berufe, die als zukunfts- und krisensicher galten. Der Prozess startet erst, aber wer sich noch in Sicherheit wähnt, unterschätzt die Geschwindigkeit, in der sich KI Tools weiterentwickeln. Seit Dezember 2022 beschäftige ich mich intensiv mit dieser Thematik und seitdem gab es bereits zwei Updates für ChatGPT, die zu einer unglaublichen Leistungssteigerung führten. Außerdem werden fast täglich weitere KI Tools veröffentlicht, die uns einen Vorgeschmack auf das geben, was uns in den nächsten Jahren erwartet. Die Geschwindigkeit ist atemberaubend. In wenigen Monaten oder Jahren wird die KI Bereiche abdecken, die wir uns bisher nicht mal vorstellen können. Derzeit sind es vor allem

Routineaufgaben, d e die KI Tools schnell und effektiv erledigen können, dabei bleibt es aber nicht. Bereits jetzt kann man, wenn man über die notwendigen Kompetenzen verfügt, mehr aus KI Tools herausholen und kreative und innovative Arbeiten erledigen lassen. In dem Artikel der WELT wird eine Analyse von Goldman Sachs zitiert, die davon ausgeht, dass 69 % aller Berufe in den nächsten zehn Jahren betroffen sein werden und ca. 300 Millionen Stellen wegfallen. Jedoch wird vorausgesagt, dass durch den KI Einsatz die Wirtschaft um 7 Prozent wachsen wird. Demnach wird die KI unsere Produktivität steigern, aber gleichzeitig die Anzahl der Jobs reduzieren. Das kann man positiv oder negativ sehen, aber es ist nicht aufzuhalten, auch wenn durch Aufrufe von großen Vertretern der Technologie Industrie, den Prozess der Weiterentwicklung von KI zu verlangsamen und zeitweise zu stoppen, genau dies probiert wird. Das Manöver ist durchschaubar, da der Aufruf vor allem von Anbietern kommt, die größtenteils im Wettbewerb um die beste KI Technologie noch Rückstände haben. OpenAI, das Unternehmen, welches ChatGPT entwickelt hat, gehört nicht zu den Unterzeichnern dieses Aufrufes. Unbestritten braucht es Regelungen für KI durch die Politik, so hat beispielsweise Italien angekündigt, ChatGPT wegen Datenschutzbedenken zu sperren. Es ist jedoch technisch nicht anspruchsvoll diese Sperre zu umgehen. Verbote sind nicht der richtige Weg, der Geist ist aus der Flasche und niemand wird ihn wieder einfangen. Es bedarf jetzt zeitnah Regeln, d e Politik ist nun gefordert, aber die Unternehmen jetzt für ihre Innovation auszubremsen, ist unangebracht.

Mein Selbstversuch war bis zu diesem Zeitpunkt bereits äußerst erfolgreich. Ich nutzte das Tool anfangs für verschiedene Aufgabenbereiche meines Berufes und niemand merkte, dass viele meiner Tätigkeiten durch eine KI erledigt wurden. Stattdessen gab es Lob und positives Feedback. Erst als ich verschiedene Personen einweihte, spürte ich eine gewisse Verunsicherung. Ab diesem Zeitpunkt wurde immer wieder hinterfragt, ob die KI oder ich eine Mail oder ein Konzept verfasst hätten. Ebenso wurde gefragt, ob ich den Inhalt des jeweiligen Schreibens / Konzeptes auch so gemeint hätte. Diese Unsicherheit ist verständlich, da KI Tools zu dem Zeitpunkt den meisten Menschen völlig unbekannt waren. Aus diesem Grunde startete ich an meiner Schule eine große Fortbildungsoffensive im März 2023 für die Schülerschaft, das Lehrerkollegium und die Verwaltung. Die Aufmerksamkeit war entsprechend groß in der medialen Landschaft. Radio, Fernsehen und Zeitungen besuchten die Schule und berichteten darüber. Besonders erstaunt waren die Journalisten, als ich ihnen in Vorgesprächen in wenigen Minuten zeigte, wie KI Tools in Sekunden auch ihren Job erledigen konnten. Aber beginnen möchte ich erstmal mit meinem eigenen Beruf.

Als Schulleiter habe ich die Verantwortung, für eine optimale Lernumgebung für unsere Schülerinnen und Schüler zu sorgen. Ich koordiniere das Lehrpersonal, stelle sicher, dass der schulinterne Lehrplan auf dem neuesten Stand ist und überwache den Fortschritt unserer Schülerschaft. Außerdem bin ich für die Budgetplanung zuständig, treffe Entscheidungen bezüglich der Schulinfrastruktur und sorge für die Einhaltung gesetzlicher

Vorgaben in allen relevanten Bereichen. Weiterhin bin ich als Schlichter in Konfliktsituationen tätig, entwickle aber auch das Schulkonzept weiter und fördere die Kommunikation zwischen Schülern, Eltern und Lehrkräften. Die Tätigkeit umspannt eine Vielzahl von Bereichen, die höchst unterschiedlich sind und eine große Bandbreite an Kompetenzen erfordert, über die ich selbstverständlich, als erfahrener Schulleiter, verfüge. Leider sind diese Kompetenzen sehr unterschiedlich ausgeprägt. So ist das Verfassen von Emails eine meiner größten Schwächen. Die Rückmeldungen dazu waren immer gleich, zu kurz, zu sachlich und zu wenig empathisch. Trotz Bemühungen meinerseits waren die Fortschritte überschaubar. Die Funktion einer Email habe ich immer so ausgelegt, dass sie möglichst kurz und ergebnisorientiert sein sollte. Diese Einschätzung teilen eher Männer, aber auch hier bei weitem nicht alle. Die Lösung war nun zum Greifen nahe: ChatGPT. Ich ließ nun die Inhalte meiner Mails durch ChatGPT optimieren. Ich verfasste Anweisungen (sogenannte Prompts), wie die KI meine Mail verfassen und welcher Inhalt enthalten sein sollte. Sie waren nun empathisch und wertschätzend und die Rückmeldung der Adressaten war durchweg positiv. Mission erfüllt! Seit dieser Erfahrung war der Damm gebrochen und ich habe mich unzählige Tage und Wochen mit KI Tools beschäftigt und gehöre nun zu den wenigen Experten, die es zu diesem jungen Thema gibt und das, obwohl ich über keinerlei Kenntnisse im Bereich Informatik verfüge, dies ist auch nicht nötig! Man muss sich nur noch mit der Software beschäftigen, Grundkenntnisse in der Benutzung aneignen und vor allem: Ausprobieren!

Die erste Frage, die ich mir gestellt habe, war, ob eine KI tatsächlich all meine facettenreichen Aufgaben übernehmen könnte. Sicherlich, sie könnte vielleicht ein paar Mails schreiben, aber auch Konzepte und Lehrpläne zu verschiedenen Bereichen und Fächern erstellen, Personalpflege betreiben und sogar Unterricht für mich planen? Das habe ich kaum für möglich gehalten, da dies sehr unterschiedliche Bereiche sind, die auch eine gewisse Kreativität und Individualität erfordern. Ausgeschlossen habe ich, dass eine KI auch Empathie zeigen, auf die individuellen Bedürfnisse unserer Schülerschaft eingehen und schwierige Situationen mit Fingerspitzengefühl meistern kann. Ausprobiert habe ich es trotzdem, mit einem erstaunlichen Ergebnis, doch dazu später mehr.

In diesem Buch soll es aber nicht nur um meinen Job gehen, vielmehr werde ich der Frage nachgehen, wie die Künstliche Intelligenz unser aller Jobs übernehmen könnte – und ja, vielleicht auch bald Ihren Job. Begleiten Sie mich auf dieser spannenden Reise in die Zukunft der Arbeit und entdecken Sie, wie wir uns anpassen müssen, um neue Chancen ergreifen zu können. Es ist nicht nötig, dass wir uns der KI ergeben! Die KI wird unsere Arbeit und unsere Welt besser machen, davon bin ich überzeugt! Es ist die wichtigste Innovation, die es in den letzten Jahrzehnten gegeben hat. KI kann uns dabei helfen, dass wir nur noch die Arbeit leisten, die wir leisten möchten und die uns erfüllt, Schluss mit langweiligen Routineaufgaben!

Aber zuerst möchte ich Sie nun herzlich in die Welt eines Schulleiters einladen, der sich seit Dezember in einem Wettlauf mit einer rasanten technologischen Entwicklung befindet und permanent von ihr überholt wird. Frust und Euphorie wechseln sich seither ab.

Ein Schulleiter im Wettlauf mit der Technologie

In den letzten Jahren hat die Künstliche Intelligenz (KI) immer mehr an Bedeutung gewonnen, vor allem in der Industrie, weniger im Bildungswesen. Jedoch ist KI mittlerweile so weit fortgeschritten, dass sie einen erheblichen Einfluss auf unseren Alltag und unsere Arbeit hat, auch wenn wir dies nicht immer merken. Als Lehrer und Schulleiter habe ich bereits einige Veränderungen erlebt, die sowohl positive als auch negative Auswirkungen auf meine Tätigkeiten hatten. Ich habe technischen Fortschritt immer angenommen und versucht, diesen für die Bildung unserer Kinder nutzbar zu machen. Drohnen, 3 D Drucker und Roboterarme sind die Zukunft im Arbeitsbereich und Kinder müssen diesen Themen bereits in der Schule begegnen und lernen, damit umzugehen. Die Entwicklung in diesen Bereichen war jedoch, verglichen mit der KI Entwicklung der letzten Monate, langsam. Wir hatten als Schule Zeit zu adaptieren und Konzepte zur Nutzung zu entwickeln. Die rasante Entwicklung der KI Tools in den letzten Wochen tut uns diesen Gefallen nicht. Ähnlich wie die gesamte Gesellschaft wird auch der Bildungsbereich überrollt. Bevor die Lehrerschaft und der Großteil der Gesellschaft von ChatGPT gehört hatten, haben viele Schülerinnen und Schüler dies bereits zu ihrem Vorteil genutzt, um Hausaufgaben etc. mit KI Tools anzufertigen. In sozialen Medien, wie z. B. TikTok, welche vor allem von Kindern und Jugendlichen genutzt werden, fluteten dutzende Videos zum Thema ChatGPT die Kinderzimmer und wurden dankbar angenommen und deren Inhalte direkt umgesetzt. Aufgrund der kinderleichten Bedienung des Chatbots ChatGPT können bereits Grundschulkinder, die eine Tastatur bedienen können, das KI Tool nutzen. Dies hatte es so noch nicht gegeben. Zum jetzigen Zeitpunkt ist das Thema zwar in aller Munde, aber die wenigsten realisieren die Auswirkungen auf das eigene Leben und den eigenen Beruf, getreu dem Motto: Das wird mir schon nicht passieren! So habe ich auch gedacht und viele Lehrkräfte auch, bis zu dem Zeitpunkt, an dem sie und ich uns näher damit beschäftigten. Die Bandbreite der Reaktionen reicht von: fasziniert bis schockiert/ besorgt. Selbst die kritischsten Lehrkräfte und auch ich erkannten jedoch ziemlich schnell den Nutzen und die Leistungsfähigkeit von ChatGPT.

ChatGPT: Die KI, die sich in die Schule einschleicht

ChatGPT ist eine Künstliche Intelligenz, die sich nicht nur in der Arbeitswelt, sondern auch in der Schule bereits etabliert hat oder dies zeitnah tun wird. ChatGPT kann menschenähnliche Antworten generieren und dabei auf eine große Menge an Informationen zurückgreifen, derzeit noch ohne direkten Zugang zum Internet und begrenzt auf Daten bis zum Jahr 2022, jedoch merkt man dies bei der Benutzung kaum. Die Anwendungsmöglichkeiten scheinen schier unendlich. Natürlich gibt es auch noch Schwächen, da ChatGPT auch falsche Antworten gibt, die man als Nutzer selbst erkennen muss.

Ich lade Sie nun herzlich ein, mich auf meiner Entdeckungstour der letzten Monate zu begleiten. Lassen Sie uns gemeinsam herausfinden, ob wir uns vor dieser technologischen Revolution fürchten müssen oder ob wir sie als Chance begreifen und nutzen sollten.

KI und der Unterricht

Als Schulleiter muss ich nicht mehr in Vollzeit unterrichten, aber ich unterrichte immer noch sehr gerne, damit ich die Probleme und Nöte aller Beteiligten besser einschätzen und meine Tätigkeit entsprechend anpassen kann. Ich unterrichte unterschiedliche Fächer und muss diese vorbereiten und durchführen. Selbst als erfahrener Lehrer und als jemand, der in der Lehrerausbildung tätig war, ist dieser Prozess immer noch relativ zeitaufwendig. Man muss heutzutage sogar mehr Zeit in die Planung investieren, da der Einbezug moderner Medien, Binnendifferenzierung und Inklusion mehr Planungszeit erfordert. Demnach war es für mich klar, dass ich, auch um Herauszufinden, ob das Thema für mein Kollegium geeignet war, die Unterrichtsplanung als erstes Thema mit ChatGPT in Angriff nehmen würde. Das Ergebnis hat mich bis heute tief beeindruckt, da es sehr unerwartet kam. Ich unterrichte den 10. Jahrgang in Sport und es soll nun beispielhaft eine Unterrichtsreihe und eine entsprechende Unterrichtsstunde dargestellt werden, die ChatGPT für mich geplant hat und durch mich umgesetzt wurde. Im Vorfeld habe ich mir selbstverständlich einige Grundkenntnisse für die Nutzung von ChatGPT angeeignet, aber insgesamt ist jeder sofort in der Lage zu starten. Man gibt der KI erstmal eine Rolle, in der sie agieren soll, dann formuliert man den entsprechenden Arbeitsauftrag und die Ziele und legt die Zielgruppe fest. Fertig! Dies lässt sich dann immer weiter verfeinern, bis man das passende Ergebnis hat. In meinem Fall baue ich den Prompt (so nennt sich der Eingabetext bei ChatGPT) entsprechend auf:

„Du bist Sportlehrer, du planst eine Unterrichtsreihe für eine Klasse 10 einer Gesamtschule in NRW, berücksichtige die relevanten Lehrpläne für das Fach Sport, das Thema ist Kämpfen/ Ringen, plane abwechslungsreich und innovativ mit modernen Medien und unterschiedlichen Methoden / Sozialformen. Der Umfang sind 4 x 2 Std. Stelle das Ergebnis in Form einer Tabelle mit verschiedenen Spalten dar!"

Das Ergebnis ist sofort einsetzbar und in wenigen Sekunden erstellt. Man könnte es immer weiter verfeinern, darauf verzichte ich aus Platzgründen. Im Folgenden werden alle Texte der KI kursiv gekennzeichnet.

Ergebnis ChatGPT (Darstellung im Buch kann von der Darstellung abweichen):

Unten finden Sie eine Tabelle, die eine Unterrichtsreihe für das Thema "Kämpfen/Ringen" für eine Klasse 10 einer Gesamtschule in NRW zeigt. Die Tabelle ist in fünf Spalten unterteilt: Einheit, Lernziele, Aktivitäten, Sozialformen und Medieneinsatz. Die geplanten Aktivitäten berücksichtigen die relevanten Lehrpläne für das Fach Sport und bieten eine abwechslungsreiche, innovative Herangehensweise mit modernen Medien und verschiedenen Methoden/Sozialformen.

Einheit	Lernziele	Aktivitäten	Sozialformen	Medieneinsatz
1	Grundlagen des Kämpfens/ Ringens kennenlernen	1.1 Einführungsvideo zu Kämpfen/ Ringen	Einzelarbeit	Beamer, YouTube-Video
		1.2 Demonstration und Üben von grundlegenden Techniken und Sicherheitsaspekten	Partnerarbeit	Lehrer-Demonstration
2	Anwendung von Techniken im sportlichen Kontext	2.1 Partnerübungen zu Angriffs- und Verteidigungstechniken	Partnerarbeit	Lehrer-Feedback, Video-Analyse
		2.2 Gruppenübung: Taktische Anwendung der Techniken im Wettkampf	Gruppenarbeit (3-4)	Lehrer-Feedback
3	Regeln und Fair Play	3.1 Diskussion über Regeln und Fair Play im Kämpfen/Ringen	Klassengespräch	Whiteboard, Beamer

		3.2 Rollenspiele: Situationen mit Regelverstößen und Fair-Play-Verhalten	Gru ppe narb eit (3-4)	Lehrer-Feedback, Rollenkarten
4	Abschlussturni er und Reflexion			

Einh eit	Lernziele	Aktivitäten	Sozialform en	Medienei nsatz
4	Abschlusstu rnier und Reflexion	4.1 Durchführung eines kleinen Abschlussturnie rs	Gruppenar beit	Lehrer-Feedback, Stoppuhr
		mit festgelegten Regeln und Fair-Play-Standards		
		4.2 Reflexion der erlernten Techniken und	Einzelarbeit ,	Arbeitsblat t, Stift,
		persönlichen Fortschritte mittels eines	Klassenges präch	Whiteboar d
		Reflexionsboge ns		

In dieser Unterrichtsreihe werden die Schülerinnen und Schüler durch verschiedene Aktivitäten und Sozialformen geführt, um die Grundlagen des Kämpfens/Ringens zu erlernen, Techniken im sportlichen Kontext anzuwenden, Regeln und Fair Play zu diskutieren und ihre Fähigkeiten in einem Abschlussturnier zu demonstrieren. Der Einsatz von modernen Medien wie YouTube-

Videos, Beamer, Video-Analyse und Whiteboards ermöglicht eine abwechslungsreiche und innovative Gestaltung des Unterrichts.

Lassen wir uns demonstrieren, ob ChatGPT eine Stunde aus der Reihe für mich planen kann. Folgender Prompt reicht aus:

„Plane als Sportlehrer die zweite Stunde der Unterrichtsreihe" Man kann sich demnach auf die vorherigen Ergebnisse und Eingaben beziehen, was eine der Stärken von ChatGPT ist. Das Ergebnis übertrifft auch hier meine Erwartungen:

Ergebnis ChatGPT 2:
Die zweite Unterrichtsstunde der Unterrichtsreihe für das Thema "Kämpfen/Ringen" für eine Klasse 10 einer Gesamtschule in NRW wird wie folgt geplant:

Einheit	Lernziele	Aktivitäten	Sozialformen	Medieneinsatz
2.1	Techniken im sportlichen Kontext vertiefen	2.1.1 Wiederholung der grundlegenden Techniken	Partnerarbeit	Lehrer-Demonstration, Stoppuhr
		aus der ersten Stunde		
2.2	Anwendung von Angriffs- und Verteidigungstechniken	2.2.1 Partnerübungen zu Angriffs- und	Partnerarbeit	Lehrer-Feedback, Video-Analyse
		Verteidigungstechniken		

2.3	Taktische Anwendung von Techniken	2.3.1 Gruppenübung: Taktische Anwendung der	Gruppena rbeit (3-4)	Lehrer-Feedback
		Techniken im Wettkampf		
2.4	Anwendung von Techniken in Spielformen	2.4.1 Spielformen, in denen Angriffs- und	Gruppena rbeit	Lehrer-Feedback, Stoppuhr
		Verteidigungste chniken angewendet werden müssen		

In der zweiten Unterrichtsstunde vertiefen die Schülerinnen und Schüler die erlernten Techniken aus der ersten Stunde und wenden sie in Partner- und Gruppenübungen an. Dabei wird der Fokus auf Angriffs- und Verteidigungstechniken sowie taktische Anwendung im Wettkampf gelegt. Abschließend werden die Schülerinnen und Schüler in spielerischen Übungsformen die Techniken anwenden, um sie in einem sportlichen Kontext zu festigen. Der Einsatz von Lehrer-Feedback, Video-Analyse und Stoppuhr unterstützt die Schülerinnen und Schüler dabei, ihre Fähigkeiten zu verbessern und sich auf den Wettkampf vorzubereiten.

Damit ist klar, ChatGPT ersetzt meine Arbeit problemlos im Bereich Planung von Unterricht. Ich könnte nun problemlos weiter verfeinern und nachbessern, beispielsweise eine Zeitachse hinzufügen, mir differenzierende Übungen geben lassen usw.

Darauf verzichte ich, um Nicht- Lehrer nicht zu langweilen.
ChatGPT ist demnach schneller und mit Sicherheit nicht schlechter
als ich in diesem Bereich meines Jobs. Dies ist jedoch eher für
Lehrer relevant, als Schulleiter liegen meine Hauptaufgaben
woanders. Wer sich als Lehrkraft in diesem Bereich fortbilden will,
dem sei dieses Buch empfohlen, welches alle Fächer und Aufgaben
abdeckt, die eine Lehrkraft mit ChatGPT erledigen kann:

https://www.amazon.de/Mit-ChatGPT-zur-Super-kommunizieren-
ebook/dp/B0BYNXLT3W/ref=sr_1_1?
__mk_de_DE=ÅMÁŽÕÑ&crid=54WE34FGUO12&keywords=mit+ch
atgpt+zur+super+lehrkraft&qid=1680522097&sprefix=mit+chatgpt+z
ur+super+lehrkraft,aps,89&sr=8-1

Beginnen wir mit den Handlungsfeldern, die für Schulleitungen in
NRW definiert sind und finden heraus, ob die KI auch diese
Hauptaufgaben erledigen kann.

Handlungsfelder der Schulleitung und wie ChatGPT diese Aufgaben übernehmen kann

Gestaltung und Qualitätsentwicklung

Ich befrage ChatGPT, welche Aufgaben die KI in diesem Bereich für
mich übernehmen kann. Das Ergebnis lässt mich frohlocken:
*ChatGPT kann Schulleitern dabei helfen, die Qualität der
Bildungseinrichtung zu analysieren, indem es Daten aus
verschiedenen Quellen sammelt und auswertet. Dazu gehört*

beispielsweise die Analyse von Schülerleistungen, Lehrerbeurteilungen und Feedback von Eltern. Mithilfe von ChatGPT können Schulleiter fundierte Entscheidungen über Verbesserungsmaßnahmen treffen und den Erfolg dieser Maßnahmen überwachen.

Hier sind einige konkrete ChatGPT-Prompts, die sich auf die Analyse der Qualität einer Bildungseinrichtung beziehen:

1. *Prompt: "Analysiere die Schülerleistungen in Mathematik und Deutsch für das letzte Schuljahr und identifiziere Bereiche, in denen Verbesserungen erforderlich sind."*

2. *Prompt: "Erstelle eine Liste von Verbesserungsmaßnahmen basierend auf den Ergebnissen der Schülerleistungen, Lehrerbeurteilungen und dem Feedback der Eltern."*

3. *Prompt: "Entwickele einen Aktionsplan zur Steigerung der Qualität der Bildungseinrichtung, der auf den Analysen von Schülerleistungen, Lehrerbeurteilungen und Elternfeedback basiert."*

Diese Prompts können an ChatGPT gesendet werden, um Analysen, Zusammenfassungen und Vorschläge zu erhalten, die Schulleitern bei der Verbesserung der Qualität ihrer Bildungseinrichtung helfen. Allerdings müsste ich bei Punkt 1 und Punkt 2 ChatGPT viele Daten zur Verfügung stellen, das möchte ich zu diesem Zeitpunkt nicht, deshalb probiere ich den dritten Prompt aus.

Die Qualität der Ergebnisse hängt stark von den Daten ab, die man der KI zur Verfügung stellt. Es soll nun ein allgemeines Beispiel mit fiktiven Daten gegeben werden:

ChatGPT Prompt:

"Entwickele einen Aktionsplan zur Steigerung der Qualität der Bildungseinrichtung, der auf den Analysen von Schülerleistungen (Durchschnittsnoten befriedigend in allen Hauptfächern), Lehrerbeurteilungen (Note gut) und Elternfeedback (Note ausreichend) basiert."

Ergebnis ChatGPT:

Aktionsplan zur Steigerung der Qualität der Bildungseinrichtung
Schülerleistungen (Durchschnittsnoten befriedigend in allen Hauptfächern)
a. Intensive Nachhilfe- und Förderprogramme für Schüler in den Hauptfächern, insbesondere in Bereichen mit schwächeren Leistungen.
b. Implementierung von differenziertem Unterricht, um auf individuelle Bedürfnisse und Lernstile der Schüler einzugehen.
c. Regelmäßige Überprüfung und Anpassung des Lehrplans, um sicherzustellen, dass er den aktuellen Anforderungen und Standards entspricht.
d. Stärkere Einbeziehung der Eltern in den Lernprozess, z. B. durch Elternabende und Informationsveranstaltungen zum Thema Lernen.
Lehrerbeurteilungen (Note gut)

a. Regelmäßige Fort- und Weiterbildungsangebote für Lehrkräfte, um ihre pädagogischen Fähigkeiten und Fachkenntnisse weiterzuentwickeln.

b. Etablierung einer Kultur der offenen Kommunikation und des Feedbacks zwischen Lehrkräften und Schulleitung.

c. Einführung eines Mentoringsystems, bei dem erfahrene Lehrkräfte neue oder weniger erfahrene Kollegen unterstützen.

d. Anerkennung und Belohnung herausragender Lehrerleistungen, z. B. durch Preise, Beförderungen oder Gehaltserhöhungen.

Elternfeedback (Note ausreichend)

a. Verbesserung der Kommunikation zwischen Schule und Eltern durch regelmäßige Newsletter, Informationsabende und Online-Plattformen.

b. Einrichtung eines Elternbeirats, der die Meinungen und Anliegen der Eltern vertritt und als Vermittler zwischen Eltern und Schule fungiert.

c. Berücksichtigung des Feedbacks der Eltern bei Entscheidungen über schulische Angelegenheiten, z. B. bei der Gestaltung von Schulveranstaltungen oder der Anpassung von Regeln und Richtlinien.

d. Organisation von Veranstaltungen und Workshops für Eltern, um sie in pädagogischen Fragen zu schulen und ihre Zusammenarbeit mit der Schule zu fördern.

Durch die Umsetzung dieses Aktionsplans können Schulleitung, Lehrkräfte und Eltern gemeinsam an der Verbesserung der Qualität der Bildungseinrichtung arbeiten und so bessere Lernergebnisse für die Schüler erzielen.

Chat GPT erstellt, wie immer, in Sekunden ein Ergebnis, für welches ich definitiv mehrere Stunden gebraucht hätte. Aber nicht nur die Geschwindigkeit ist herausragend, auch der Inhalt ist für mich als Schulleiter brauchbar und direkt einsetzbar. ChatGPT kann demnach in diesem Bereich meine Aufgaben übernehmen. Je nachdem, wie viele Daten ich zur Verfügung stellen möchte, wird das Ergebnis dementsprechend von höherer Qualität sein. Das Ergebnis überrascht, da dieser Bereich bisher von jeglichem technischen Fortschritt ausgeschlossen war und man viele Stunden an Arbeit investieren musste. Jetzt erhält man eine solide Grundlage in Sekunden und kann diese verfeinern und nach eigenem Gusto optimieren. Ob man dafür weiter mit ChatGPT arbeiten möchte, ist jedem selbst überlassen.

Personalmanagement

Im Personalmanagement kann mich ChatGPT beispielsweise bei der Auswahl geeigneter Lehrkräfte, der Planung von Weiterbildungen und der Erstellung von Arbeitsplänen unterstützen. Ich habe die KI genutzt, um den Einstellungsprozess zu optimieren. Folgende Prompts habe ich verwendet, um die Fähigkeiten von ChatGPT in diesem Bereich zu nutzen:

ChatGPT Prompts:

- "Entwickle Interviewfragen, um die pädagogischen Fähigkeiten, Fachkenntnisse und Soft Skills von Lehrerbewerbern zu überprüfen."
- "Gib Vorschläge für geeignete Aufgaben oder Übungen, die während des Auswahlverfahrens für Lehrkräfte eingesetzt werden können, um die pädagogischen Fähigkeiten und Fachkenntnisse der Bewerber zu überprüfen."
- „Erstelle als Personalexperte eine wertschätzende Einladung für ein Bewerbungsgespräch für eine Lehrerstelle mit den Fächern Deutsch und Sport an einer Realschule."

Ergebnis ChatGPT:

Betreff: Einladung zur Bewerbung für eine Lehrerstelle in Deutsch und Sport an unserer Realschule - Entfalte dein Potenzial bei uns!
Liebe potenzielle Bewerberinnen und Bewerber,
wir sind eine engagierte Realschule, die sich leidenschaftlich für die persönliche und akademische Entwicklung unserer Schülerinnen und Schüler einsetzt. Im Zuge einer Stellenausschreibung möchten wir Sie herzlich einladen, sich für eine Lehrerstelle in den Fächern Deutsch und Sport zu bewerben.
Unsere Schule legt großen Wert auf wertschätzende Zusammenarbeit, individuelle Förderung und die stetige Weiterentwicklung unserer Lehrkräfte. Wir suchen nach inspirierenden, engagierten und empathischen Lehrerinnen und Lehrern, die sich mit unseren Werten identifizieren und bereit sind,

ihr Wissen und ihre Erfahrungen mit unseren Schülerinnen und Schülern zu teilen.

Als Lehrkraft für Deutsch und Sport an unserer Realschule haben Sie die Chance, den Schülern die Freude an der Sprache und der körperlichen Betätigung zu vermitteln. Ihre Kreativität, pädagogischen Fähigkeiten und fachlichen Kenntnisse werden dazu beitragen, unsere Schüler optimal auf ihren weiteren Bildungsweg und ihr zukünftiges Leben vorzubereiten.

Wir bieten Ihnen:

- *Eine unterstützende und wertschätzende Arbeitsumgebung, die persönliches Wachstum und Weiterbildung fördert*
- *Die Möglichkeit, innovative Lehrmethoden und -materialien einzusetzen*
- *Eine Schulkultur, die Vielfalt und Inklusion schätzt und fördert*
- *Zusammenarbeit mit engagierten Kolleginnen und Kollegen, die sich für die bestmögliche Bildung unserer Schüler einsetzen*

Wenn Sie sich angesprochen fühlen und den nächsten Schritt in Ihrer beruflichen Laufbahn gehen möchten, freuen wir uns auf Ihre aussagekräftige Bewerbung, bestehend aus Anschreiben, Lebenslauf und Zeugnissen.

Bitte senden Sie Ihre Unterlagen per E-Mail an [E-Mail-Adresse] oder per Post an:

[Name der Schule]

[Anschrift]

[PLZ und Ort]

Für Rückfragen stehen wir Ihnen gerne zur Verfügung. Sie erreichen uns telefonisch unter [Telefonnummer] oder per E-Mail an [E-Mail-Adresse].

Wir freuen uns darauf, Sie kennenzulernen und gemeinsam die Zukunft der Bildung an unserer Realschule zu gestalten!

Herzliche Grüße,

[Ihr Name]

[Position, z.B. Schulleiter/in oder Personalverantwortliche/r]

[Name der Schule]

Die Daten sind rein fiktiv und sollen nur der Veranschaulichung dienen. Aber auch hier überzeugt das Ergebnis auf ganzer Linie. Anschließend habe ich Einladungsschreiben erstellen lassen und diese an die, für Bewerbungsgespräche ausgewählten, Bewerberinnen und Bewerber verschickt, nachdem ich alle individuellen Daten ergänzt habe, ohne diese ChatGPT zur Verfügung zu stellen, da der Datenschutz nicht eindeutig geklärt ist.

Ergebnis Einladungsschreiben ChatGPT:

Betreff: Herzliche Einladung zum Bewerbungsgespräch für die Lehrerstelle in Deutsch und Sport an unserer Realschule - Wir freuen uns darauf, Sie kennenzulernen!

Liebe [Bewerberin/Bewerber],

wir haben uns sehr über Ihre Bewerbung für die Lehrerstelle in Deutsch und Sport an unserer Realschule gefreut. Ihre Unterlagen haben uns beeindruckt, und wir sind neugierig, Sie persönlich kennenzulernen.

Es ist uns wichtig, dass Sie sich während des Bewerbungsgesprächs wohlfühlen und wir in einer entspannten Atmosphäre über ihre Qualifikationen, Erfahrungen und Motivation sprechen können. Selbstverständlich haben Sie auch die Gelegenheit, Fragen zu stellen und unsere Schule und das Team näher kennenzulernen.

Details zum Bewerbungsgespräch:

Datum: [Datum]

Uhrzeit: [Uhrzeit]

Ort: [Name der Schule, Raumnummer oder Gebäude, falls zutreffend]

Anschrift: [Anschrift der Schule]

Bitte bestätigen Sie Ihre Teilnahme am Bewerbungsgespräch, indem Sie uns eine E-Mail an [E-Mail-Adresse] senden oder uns telefonisch unter [Telefonnummer] kontaktieren.

Wir freuen uns darauf, Sie kennenzulernen und gemeinsam in einer offenen und wertschätzenden Atmosphäre herauszufinden, ob wir zukünftig als Team zusammenarbeiten können, um die Bildungschancen unserer Schülerinnen und Schüler zu fördern.

Sollten Sie Fragen oder besondere Anliegen haben, zögern Sie bitte nicht, uns im Voraus zu kontaktieren. Wir sind für Sie da und möchten Ihnen bei Ihrem Bewerbungsgespräch bestmöglich entgegenkommen.

Mit freundlichen Grüßen und bis bald,

[Ihr Name]

[Position, z.B. Schulleiter/in oder Personalverantwortliche/r]

[Name der Schule]

Die Reaktionen auf dieses Einladungsschreiben waren alle positiv, ein Bewerber gab sogar die Rückmeldung, dass er aufgrund des Einladungsschreibens meine Schule präferiere. Eine solche Rückmeldung habe ich vorher noch nicht erhalten. Demnach verbessert ChatGPT nicht nur an dieser Stelle meine Arbeit, sondern es kann auf meine Leistung in diesem Bereich verzichten. Jeder könnte nun eine solche Einladung versenden, dafür braucht es mich als Schulleiter nicht mehr.

Indem ich ChatGPT bei der Vorbereitung und Durchführung des Auswahlverfahrens für Lehrkräfte einsetzte, konnte ich den Prozess deutlich verbessern und beschleunigen und damit sicherstellen, dass meine Schule, trotz Lehrermangels, gute Karten bei der Besetzung der offenen Stellen hatte.

Schulinterne Kommunikation und Kooperation

Mir war bereits vorher bewusst, dass in diesem Bereich die KI Tools ihre größten Stärken haben. So nutzten bereits Lehrkräfte meiner Schule die Website Canva, um Arbeitsblätter zu gestalten und Einladungen für Events zu kreieren. Für die Öffentlichkeitsarbeit an der Schule nutzte ich Canva ebenfalls mit allen KI Tools der Website, wie z. B. Magic Write, welche Texte direkt in die Maske für mich schrieb oder den Radierer. Aber besonders die Funktion „Text zu Bild" verdeutlichte mir, was KI Tools auch im Bereich Bilder inzwischen leisten können. Mit wenigen Worten konnte Canva, ähnlich wie die KI Tools Midjourney und DallE, Bilder für mich erstellen. Meiner Fantasie waren keine Grenzen gesetzt. Ich bin nun in der Lage, meine Gedanken problemlos zu visualisieren. Besonders erschreckend daran war, dass ich Bilder nicht nur erstellen, sondern auch ohne Vorkenntnisse, Bilder manipulieren konnte. Ich konnte Elemente aus Bildern herausradieren und nach eigenem Gusto Elemente hineinkopieren. Dies alles war kinderleicht und verdeutlichte mir, dass die Schattenseiten von KI Tools nicht zu unterschätzen sind. Die Macht der Bilder ist allseits bekannt und wenn nun jedermann problemlos Bilder erstellen und manipulieren kann, ist das eine schlechte Nachricht, da Fake News nun in der Breite möglich werden und dies keine Hochburg mehr für Spezialisten ist. Zeitgleich zu diesen Zeilen geht ein Foto des Papstes viral, auf dem er eine sehr teure, modische Riesenjacke trägt. Sofort kommen die Reaktionen im Netz, die das Foto als Beleg für die Verschwendungssucht der katholischen Kirche nehmen. Es stellte sich heraus, dass das Foto von einem Lagerarbeiter in den USA mit einer KI erstellt wurde und dieser das Foto als Scherz im Internet in sozialen Medien teilte. Die Auswirkungen dieser Möglichkeiten werden dramatisch sein und es wird eine große Herausforderung für uns alle, Fake News zu erkennen. Für meinen Job ist jedoch diese KI Power von großem Nutzen. Mit der Kombination von Bildern und Texten durch die KI (ChatGPT bekommt diese Funktion nun auch zeitnah) kann ich die Kommunikation innerhalb der Schule durch die Automatisierung von Routineaufgaben verbessern, wie zum Beispiel die Erstellung von

Newslettern, Terminankündigungen und Elternbriefen. Dies probierte ich aus und statt Stunden benötigte ich nur Minuten, um Elternbriefe in verschiedenen Sprachen zu erstellen, diese zu verschicken, einen aktuellen Newsletter zu verfassen und verschiedene Termine anzukündigen.

Ebenso kann die KI bei der Koordination von Arbeitsgruppen und Projekten unterstützen, indem sie Tagesordnungen und Protokolle erstellt, wenn man die entsprechenden Daten in Stichpunkten zur Verfügung stellt. Auch hier gilt es den Datenschutz zu beachten. Anbei das Ergebnis für den Newsletter, den ChatGPT für mich in ähnlicher Form erstellte, die Daten sind selbstverständlich fiktiv:

Betreff: [Name der Realschule] Newsletter - Schulfest, Baumaßnahmen, Geburtstag und Elterncafé
Liebe Eltern, Schülerinnen und Schüler, Lehrkräfte und Mitarbeiter, wir freuen uns, Ihnen in diesem Newsletter einige Neuigkeiten und Veranstaltungen unserer Schule vorzustellen.

1. Schulfest
Wir laden Sie alle herzlich zu unserem diesjährigen Schulfest am [Datum] ein. Das Fest beginnt um [Uhrzeit] und bietet zahlreiche Aktivitäten, Spiele und Leckereien für die ganze Familie. Wir freuen uns auf einen fröhlichen Tag mit Ihnen!

2. Verzögerung der Baumaßnahmen an den Schultoiletten
Leider müssen wir Ihnen mitteilen, dass sich die Fertigstellung der Baumaßnahmen an den Schultoiletten aufgrund unvorhergesehener Umstände verzögert. Wir erwarten nun eine

Fertigstellung bis zum [neues Datum]. Wir entschuldigen uns für die Unannehmlichkeiten und bedanken uns für Ihr Verständnis.

3. Geburtstag unserer Sekretärin

Wir möchten unserer langjährigen Sekretärin [Name] zu ihrem 60. Geburtstag gratulieren und uns für ihre unermüdliche Arbeit und ihr Engagement für unsere Schule bedanken. Wir wünschen ihr alles Gute für das kommende Lebensjahr!

4. Elterncafé

Am [Datum] findet unser nächstes Elterncafé statt. Hier haben Sie die Gelegenheit, sich in gemütlicher Atmosphäre mit anderen Eltern und Lehrkräften auszutauschen. Wir freuen uns auf interessante Gespräche und regen Austausch. Eine Anmeldung ist nicht erforderlich.

Wir danken Ihnen für Ihre Unterstützung und Ihr Engagement für unsere Schule und freuen uns auf die kommenden Veranstaltungen und Aktivitäten.

Mit freundlichen Grüßen,

[Name des Schulleiters]

Schulleiter der [Name der Realschule]

Das Ergebnis kann man nun mit den Vorlagen von Canva kombinieren und durch visuelle Gestaltung problemlos auf höchstes Niveau heben, welches früher professionelle Designer und andere Berufsgruppen erfordert hätte. Nun bin selbst ich als Schulleiter in der Lage, mit Hilfe dieser KI Tools und ohne jegliche Vorkenntnisse, diese Arbeit in wenigen Minuten zu erledigen.

Oftmals besteht meine Arbeit darin, Präsentationen zu verschiedenen Anlässen zu erstellen. Mit der KI - Website www.tome.app kann eine KI für mich in Sekunden eine Präsentation samt Bildern erstellen, die nur auf wenigen Stichpunkten basiert. Die Zeitersparnis ist maximal. Mit wenigen Klicks konnte ich eine Präsentation für meine Zwecke erstellen und anschließend für mich weiter optimieren.

Zusammenfassend stelle ich, auch wenn ich das schon erwartet habe, leicht erschrocken fest, dass KI Tools meine Arbeit in diesem Bereich nicht nur komplett ersetzen, sondern auch deutlich besser erledigen können als ich selbst.

Schulexterne Kommunikation und Kooperation

Keine Schule in Deutschland hat einen eigenen Pressesprecher. Die Schulleitung repräsentiert die Schule nach außen, so steht es im Schulgesetz. Ich vermute, dass KI Tools nun auch Schulleitungen helfen können, die in diesem Bereich über weniger Kompetenzen verfügen, um nun leichter den Weg in die Berichterstattung der lokalen Presse zu finden. Bei der schulexternen Kommunikation kann ChatGPT Schulleitungen dabei unterstützen, eine effektive Zusammenarbeit und Kommunikation mit externen Partnern, wie zum Beispiel Behörden, Unternehmen oder anderen Bildungseinrichtungen, aufzubauen. Auch bei Pressemitteilungen kann ChatGPT extrem nützlich sein. In der

Qualifizierung für die Arbeit als Schulleitung ist das Verfassen einer Pressemitteilung selten ein Thema, aber dies ist nun auch nicht mehr notwendig, da ChatGPT diese Aufgabe problemlos übernimmt.

ChatGPT Prompt für eine Pressemitteilung:
Du bist ein Pressesprecher, verfasse für ein Schulfest an einer Realschule eine Pressemitteilung für die lokale Presse, Ziel ist es, dass über das Schulfest berichtet wird.

Ergebnis:
Betreff: Pressemitteilung - Buntes Schulfest an der [Name der Realschule] am [Datum]
Sehr geehrte Damen und Herren der Presse,
wir möchten Sie herzlich zu unserem diesjährigen Schulfest an der [Name der Realschule] einladen. Das Fest findet am [Datum] von [Uhrzeit Beginn] bis [Uhrzeit Ende] auf unserem Schulgelände (Adresse der Schule) statt. Wir freuen uns, Ihnen ein abwechslungsreiches und unterhaltsames Programm für die ganze Familie präsentieren zu können.
Unsere Schülerinnen und Schüler, Lehrkräfte und Eltern haben gemeinsam ein vielfältiges Angebot an Aktivitäten, Spielen und Workshops auf die Beine gestellt. Darunter finden sich unter anderem [Beispiele für Aktivitäten, z.B. kreative Bastelstationen, sportliche Wettbewerbe, musikalische Darbietungen]. Auch für das leibliche Wohl ist gesorgt: Unsere Schulfamilie präsentiert Ihnen ein buntes kulinarisches Angebot aus verschiedenen Ländern.

Der Erlös aus dem Schulfest kommt der [Name des Fördervereins oder einer anderen Einrichtung, z.B. Schulprojekte, Arbeitsgemeinschaften, soziale Einrichtungen] zugute. Damit wollen wir die Qualität unserer Bildungseinrichtung weiter steigern und unseren Schülerinnen und Schülern eine vielseitige und ansprechende Lernumgebung bieten.

Wir würden uns freuen, wenn Sie über unser Schulfest in Ihrer Berichterstattung berücksichtigen könnten und laden Sie herzlich dazu ein, vor Ort einen Eindruck von der Vielfalt unserer Schule zu gewinnen. Gerne stehen wir Ihnen für Interviews und Hintergrundinformationen zur Verfügung.

Bitte geben Sie uns bis zum [Anmeldefrist] eine kurze Rückmeldung, ob Sie an unserer Veranstaltung teilnehmen können. Sie erreichen uns unter [Telefonnummer] oder [E-Mail-Adresse].

Wir freuen uns auf Ihren Besuch und hoffen auf rege Teilnahme und Berichterstattung.

Mit freundlichen Grüßen

[Ihr Name]

Pressesprecher/in der [Name der Realschule]

Auch in diesem Handlungsfeld meines Berufes ist demnach klar, die KI ersetzt mich ohne größere Probleme. Weiterhin kann ChatGPT Kooperationsvereinbarungen verfassen, Anträge schreiben und jegliche Art der Emailkommunikation übernehmen.

Recht und Verwaltung

Schulgesetze sind kompliziert. Ständig kommen neue Erlasse hinzu und Schulleitungen sind vor Ort für deren Umsetzung und Einhaltung verantwortlich. Jedoch ist dieser juristische Bereich unseres Berufes kein großer Bestandteil unserer Ausbildung und in der Regel lassen Schulleitungen sich in diesem Bereich durch die übergeordnete Schulaufsicht beraten. Es gibt Fortbildungen, aber eine gewisse Unsicherheit in diesem Bereich ist immer vorhanden. Aus diesem Grunde erfolgt immer eine Rücksprache mit der jeweiligen Bezirksregierungen und deren Juristen. ChatGPT kann Schulleitungen bei der Einhaltung von gesetzlichen Vorgaben und Richtlinien assistieren, indem es beispielsweise aktuelle Gesetzesänderungen oder Neuerungen im Schulrecht analysiert und auf relevante Aspekte für die eigene Arbeit hinweist. Für meine Tätigkeit ist dieser Bereich enorm wichtig und ich habe ChatGPT Einschätzungen vornehmen lassen und die entsprechenden Briefe mit juristischen Hinweisen versehen lassen, die ich allesamt überprüft habe und die zutreffend waren.

Dieser Bereich meiner Tätigkeit ist zeitaufwendig und für Schulleitungen heikel, da wir, wie bereits erwähnt, nicht umfassend im juristischen Sinne ausgebildet sind. An dieser Stelle kann KI einen wichtigen Teil unserer Arbeit unterstützen und rechtssicherer machen. Folgender Prompt soll ein Beispiel liefern:

ChatGPT Prompt:

„Du bist Schulleiter, verfasse einen Brief an Eltern zum Thema Schulversäumnis des Sohnes, beziehe dich auf die passenden Paragraphen des Landes NRW und kündige ein Bußgeldverfahren an"

Ergebnis ChatGPT:

Betreff: Schulversäumnis Ihres Sohnes [Name des Schülers] – Anhörung und Bußgeldverfahren

Sehr geehrte Frau [Muttername],

sehr geehrter Herr [Vatername],

wie Ihnen bekannt ist, besteht für Ihren Sohn [Name des Schülers] die gesetzliche Schulpflicht gemäß § 35 des Schulgesetzes für das Land Nordrhein-Westfalen (SchulG NRW). Leider müssen wir feststellen, dass [Name des Schülers] in letzter Zeit wiederholt unentschuldigt dem Unterricht ferngeblieben ist.

Unsere Aufzeichnungen zeigen, dass [Name des Schülers] an folgenden Tagen unentschuldigt gefehlt hat: [Liste der Fehltage]. Gemäß § 43 Abs. 2 SchulG NRW ist das unentschuldigte Fehlen im Unterricht eine Ordnungswidrigkeit. Da [Name des Schülers] trotz mehrmaliger Aufforderung und Gespräche mit den Lehrkräften keine Entschuldigung für diese Fehltage vorgelegt hat, sind wir gezwungen, ein Bußgeldverfahren einzuleiten.

Bevor wir dies jedoch tun, möchten wir Ihnen gemäß § 49 Abs. 1 des Gesetzes über Ordnungswidrigkeiten (OWiG) Gelegenheit geben, zu den Vorwürfen Stellung zu nehmen. Wir laden Sie

*deshalb herzlich zu einem Gespräch in unsere Schule ein. Bitte
kommen Sie am [Datum] um [Uhrzeit] in mein Büro (Raumnummer/
Adresse der Schule). Sollten Sie zu diesem Termin verhindert sein,
setzen Sie sich bitte umgehend mit mir in Verbindung, um einen
alternativen Termin zu vereinbaren.*

*Sollten wir innerhalb der nächsten [Anzahl der Tage] Tage keine
Stellungnahme von Ihnen erhalten oder keinen Termin für ein
persönliches Gespräch vereinbaren können, sehen wir uns
gezwungen, das Bußgeldverfahren ohne weitere Ankündigung
einzuleiten.*

*Wir hoffen, dass wir durch das Gespräch eine gemeinsame Lösung
finden können, um die Schulpflicht Ihres Sohnes sicherzustellen
und weitere Ordnungswidrigkeiten zu vermeiden.*

Mit freundlichen Grüßen

[Ihr Name]

Schulleiter/in der [Name der Schule]

Das Ergebnis ist verblüffend. Es gleicht in großen Teilen den
juristisch geprüften Vorlagen, die wir an Schulen verwenden, aber
neben den rechtlichen Aspekten ist auffällig, dass die KI weit über
den Arbeitsauftrag hinausgeht und direkt einen Gesprächstermin
anbietet. Die passenden Paragraphen wurden ebenfalls ausgewählt
und das lässt erahnen, was dies für den Beruf des Juristen in
Zukunft bedeuten könnte. Auch in diesem Feld, stelle ich
inzwischen etwas desillusioniert fest, kann und wird die KI mich
ersetzen! Jede Lehrkraft wird sich eine erste juristische

Einschätzung von einer KI geben lassen, was bisher meine Aufgabe war.

Innovation und Schulentwicklung

Schulleitung soll der Motor für Schulentwicklung sein. Für mich war die Digitalisierung immer von enormer Wichtigkeit, entsprechend waren alle Schulen, an denen ich als Schulleitung tätig sein durfte, in diesem Bereich immer gut aufgestellt. Die Vorgaben in diesem Handlungsfeld im Bundesland NRW sind folgende:

• Zukunftsvorstellungen für die Gestaltung von Schule zu entwickeln,
• interne und externe Veränderungen von Schule bewusst wahrzunehmen und daraus Handlungs- und Entwicklungspotenziale für die eigene Schule abzuleiten,
• aktuelles Wissen zur Schulentwicklung für die Gestaltung von Veränderungsprozessen in der Schule einzusetzen,
• mögliche Risiken von Veränderungsprozessen in der Schule zu kalkulieren und bei der Umsetzung zu berücksichtigen.
(Quelle: Website des Ministerium für Schule NRW)

Folgende Prompts bietet ChatGPT auf Nachfrage für diesen Bereich an:

1. *"Erstelle eine Liste von zukunftsweisenden Ideen und Ansätzen, die das Potenzial haben, die Schule und den Unterricht*

grundlegend zu verändern und beschreibe kurz die Vorteile jeder Idee."

2. "Identifiziere und erkläre die wichtigsten internen und externen Veränderungen, die sich auf die Schule auswirken und beschreibe, wie diese Veränderungen genutzt werden können, um die Schule weiterzuentwickeln."

3. "Entwickele einen detaillierten Aktionsplan zur Umsetzung einer innovativen Schulentwicklungsstrategie, die auf aktuellen Forschungsergebnissen und bewährten Praktiken basiert."

4. "Analysiere die möglichen Risiken, die mit der Einführung einer neuen pädagogischen Methode oder Technologie in der Schule verbunden sind und beschreibe, wie diese Risiken minimiert und verwaltet werden können."

5. "Entwickele eine Strategie zur Förderung einer Innovationskultur innerhalb der Schule, die sowohl Lehrer als auch Schüler dazu ermutigt, neue Ideen und Ansätze einzubringen und auszuprobieren."

6. "Erstelle einen Leitfaden zur Evaluierung von Schulentwicklungsprojekten, der sowohl quantitative als auch qualitative Methoden zur Beurteilung des Erfolgs der Projekte berücksichtigt."

7. "Entwickele eine Roadmap für die Integration neuer Technologien in den Unterricht und die Schulumgebung, die sowohl kurz- als auch langfristige Ziele beinhaltet."

8. "Erstelle einen Vorschlag für eine Workshop-Reihe, die Lehrern hilft, sich über die neuesten Entwicklungen und Trends in der

Schulentwicklung zu informieren und ihre Fähigkeiten in diesem Bereich zu erweitern."

9. *"Beschreibe, wie die Schule die Zusammenarbeit mit externen Partnern, wie zum Beispiel Unternehmen, Forschungseinrichtungen oder anderen Bildungseinrichtungen, fördern kann, um innovative Ideen und Ressourcen zu teilen."*

10. *"Entwickele eine Strategie zur kontinuierlichen Verbesserung der schulischen Prozesse und Strukturen, die eine flexible Anpassung an Veränderungen ermöglicht und die Schule zukunftsfähig macht."*

11. *"Erstelle einen Plan zur Einbindung der Schüler in den Innovationsprozess, indem sie ermutigt werden, ihre eigenen Ideen und Projekte zur Verbesserung der Schule vorzuschlagen und umzusetzen."*

Diese ChatGPT-Prompts sollen Schulleitern dabei helfen, den Innovationsprozess in ihren Schulen aktiv zu gestalten und eine zukunftsorientierte Schulentwicklung zu fördern.

Beispielhaft soll nun das Ergebnis aus einem Bereich von ChatGPT dargestellt werden:

ChatGPT Prompt:

"Entwickle eine Roadmap für die Integration neuer Technologien in den Unterricht und die Schulumgebung, die sowohl kurz- als auch langfristige Ziele beinhaltet."

Ergebnis ChatGPT:

Roadmap für die Integration neuer Technologien in den Unterricht und die Schulumgebung

Kurzfristige Ziele (1-2 Jahre)

1.1 Infrastruktur-Upgrade

- *Verbesserung der Internetverbindung und WLAN-Abdeckung in der gesamten Schule*
- *Anschaffung neuer Computer und Tablets für Schüler und Lehrer*
- *Einrichtung von interaktiven Whiteboards in den Klassenzimmern*

1.2 Fortbildung für Lehrer

- *Schulung der Lehrer in der Nutzung digitaler Tools und Plattformen für den Unterricht*
- *Einführung von Technologie-Workshops und Webinaren für Lehrer*

1.3 Integration von digitalen Tools in den Unterricht

- *Einführung von Lernplattformen für den Zugriff auf Unterrichtsmaterialien und die Kommunikation zwischen Lehrern, Schülern und Eltern*
- *Integration von digitalen Tools zur Unterrichtsgestaltung, z. B. für Präsentationen, Gruppenarbeiten oder Online-Tests*

Mittelfristige Ziele (3-5 Jahre)

2.1 Erweiterung des digitalen Lehrangebots

- *Entwicklung und Einführung von E-Learning-Modulen für verschiedene Fächer*

- *Nutzung von Künstlicher Intelligenz (KI) und adaptiven Lernsystemen, um individuelles Lernen zu fördern*

2.2 Zusammenarbeit und Vernetzung

- *Etablierung von Partnerschaften mit Technologieunternehmen und Bildungseinrichtungen für den Austausch von Wissen und Ressourcen*
- *Teilnahme an nationalen und internationalen Projekten zur Förderung digitaler Bildung*

2.3 Schaffung eines Innovationslabors

- *Einrichtung eines Innovationslabors, in dem Schüler und Lehrer gemeinsam an Projekten arbeiten und neue Technologien erproben können*

Langfristige Ziele (6-10 Jahre)

3.1 Kontinuierliche Weiterentwicklung der digitalen Strategie

- *Regelmäßige Überprüfung und Anpassung der digitalen Strategie an aktuelle Entwicklungen und Bedürfnisse der Schule*
- *Schaffung einer Kultur der Offenheit und des lebenslangen Lernens im Umgang mit neuen Technologien*

3.2 Digitale Kompetenzen als fester Bestandteil des Curriculums

- *Integration digitaler Kompetenzen in alle Fächer und Lehrpläne*
- *Etablierung eines Medienkompetenzkurses für alle Schüler*

3.3 Schule als Vorreiter in der digitalen Bildung

- *Entwicklung einer starken Marke als Schule, die für innovative, zukunftsorientierte Bildung steht*

- *Zusammenarbeit mit anderen Schulen und Bildungseinrichtungen, um Best Practices im Bereich digitaler Bildung zu teilen und voneinander zu lernen*

Nachdem wir die Roadmap für die Integration neuer Technologien in den Unterricht und die Schulumgebung entwickelt haben, ist es wichtig, die Umsetzung dieser Ziele sorgfältig zu planen und zu überwachen. Hier sind einige Schritte, die dabei helfen können, die Roadmap erfolgreich umzusetzen:

1. *Bildung eines Projektteams: Stellen Sie ein Team aus Lehrern, IT-Experten und Verwaltungspersonal zusammen, das für die Umsetzung der Roadmap verantwortlich ist. Das Team sollte regelmäßig zusammentreffen, um den Fortschritt zu besprechen und eventuelle Herausforderungen zu identifizieren.*

2. *Kommunikation der Ziele: Stellen Sie sicher, dass die Ziele und Pläne der Roadmap klar und transparent für alle Beteiligten sind, einschließlich Lehrern, Schülern, Eltern und der Schulgemeinschaft.*

3. *Finanzierung und Ressourcen: Identifizieren Sie die benötigten finanziellen Mittel und Ressourcen für die Umsetzung der Roadmap. Dazu gehört auch die Suche nach möglichen Fördermitteln, Sponsoren oder Partnerschaften.*

4. *Zeitliche Planung: Legen Sie einen Zeitplan für die Umsetzung der einzelnen Ziele fest, der sowohl ambitioniert als auch realistisch ist. Berücksichtigen Sie dabei, dass einige Ziele*

parallel umgesetzt werden können, während andere aufeinander aufbauen.

5. *Monitoring und Evaluierung: Etablieren Sie ein System zur Überwachung des Fortschritts und zur Bewertung der Ergebnisse der umgesetzten Maßnahmen. Dies ermöglicht es Ihnen, frühzeitig anzupassen und eventuelle Probleme zu beheben.*

6. *Kontinuierliche Verbesserung: Nutzen Sie die gewonnenen Erkenntnisse aus der Umsetzung der Roadmap, um weitere Verbesserungen und Anpassungen vorzunehmen. Bleiben Sie offen für neue Ideen und Technologien, die in der Zukunft auftauchen, und integrieren Sie diese in Ihre Pläne.*

Indem Sie diese Schritte befolgen und die Roadmap konsequent umsetzen, können Sie als Schulleiter dazu beitragen, dass Ihre Schule im Bereich der digitalen Bildung erfolgreich ist und den Schülern eine zukunftsorientierte Ausbildung bietet.

Nachdem ich meine Erfahrungen mit den anderen Handlungsfeldern gemacht hatte, war die Erwartungshaltung deutlich größer, aber auch diesmal konnte ChatGPT meine Erwartungen übertreffen. Natürlich wäre ich auch in der Lage gewesen dieses Ergebnis zu erzielen, zumindest teilweise und vielleicht noch mit anderen Schwerpunkten, aber durch die KI ist es mir nun direkt möglich zu starten und den Planungsprozess enorm zu verkürzen. Ich kann nach kurzer Überprüfung und Anpassung theoretisch direkt in die Umsetzungsphase gehen, die Zeitersparnis

ist maximal. Selbst für Menschen, die keine Expertise in dem
jeweiligen Fachgebiet haben, ist das Arbeiten in jedem Themenfeld
nun theoretisch möglich, völlig unabhängig vom jeweiligen
Fachwissen.

Führung und Personalmanagement: KI und das Lehrerkollegium

Als Schulleiter ist die Personalentwicklung eine der Hauptaufgaben.
Besonders in Zeiten des Lehrermangels ist dieser Bereich von
enormer Bedeutung. Ich nutzte ChatGPT, um Gespräche mit
Lehrkräften zu unterschiedlichsten Anlässen zu planen, die ich
dann direkt umsetzen konnte. Selbstverständlich geschah dies
ohne die Preisgabe von persönlichen Daten. Folgende fiktive
Prompts probierte ich aus:

ChatGPT Prompt:
Du bist Schulleiter, erstelle einen Gesprächsablauf für ein Gespräch
mit einer Lehrerin als Feedbackgespräch zur geleisteten Arbeit, du
willst die Lehrkraft motivieren.

Ergebnis ChatGPT:
*Als Schulleiter ist es wichtig, Lehrkräfte durch konstruktives
Feedback und Anerkennung zu motivieren. Hier ist ein Vorschlag
für einen Gesprächsablauf, um ein Feedbackgespräch mit einer
Lehrerin zu führen:*
 1. *Begrüßung und Gesprächsziel klarstellen*

- *Begrüßen Sie die Lehrerin herzlich und bedanken Sie sich für ihre Zeit.*
- *Stellen Sie das Ziel des Gesprächs klar: Feedback zur geleisteten Arbeit und Unterstützung bei der weiteren beruflichen Entwicklung.*

2. Positives Feedback

- *Beginnen Sie das Gespräch mit positivem Feedback. Heben Sie spezifische Beispiele hervor, bei denen die Lehrerin besonders gut abgeschnitten hat, z. B. Unterrichtsgestaltung, Schülermotivation oder Zusammenarbeit mit Kollegen.*
- *Erklären Sie, warum diese Leistungen wertvoll sind und wie sie zur Schulentwicklung beitragen.*

3. Verbesserungspotenzial

- *Sprechen Sie Bereiche an, in denen es noch Verbesserungspotenzial gibt, und präsentieren Sie diese als Chancen für Wachstum und Weiterentwicklung.*
- *Seien Sie konstruktiv und lösungsorientiert. Bieten Sie konkrete Vorschläge und Ressourcen an, die der Lehrerin helfen können, ihre Fähigkeiten weiter auszubauen.*

4. Zielsetzung und Unterstützung

- *Besprechen Sie gemeinsam mit der Lehrerin mögliche Ziele, die sie in den kommenden Monaten erreichen möchte.*
- *Bieten Sie Ihre Unterstützung an und besprechen Sie, wie die Schule dazu beitragen kann, diese Ziele zu erreichen (z. B. durch Fortbildungen, Coaching oder zusätzliche Ressourcen).*

5. Offene Kommunikation

- *Laden Sie die Lehrerin dazu ein, ihre Gedanken, Bedenken oder Wünsche zum Gesagten zu äußern.*
- *Hören Sie aufmerksam zu und reagieren Sie einfühlsam auf ihre Anliegen.*

6. *Abschluss und nächste Schritte*

- *Fassen Sie die wichtigsten Punkte des Gesprächs zusammen und bedanken Sie sich bei der Lehrerin für ihr Engagement und ihre Bereitschaft zur Weiterentwicklung.*
- *Vereinbaren Sie einen Zeitpunkt für ein Folgegespräch, um den Fortschritt zu überprüfen und weiteres Feedback auszutauschen.*

Indem Sie ein offenes und unterstützendes Gespräch führen, können Sie die Lehrkraft motivieren und ihr das Gefühl geben, dass ihre Arbeit wertgeschätzt wird und sie in ihrer beruflichen Entwicklung gefördert wird.

Dieser Gesprächsablauf entspricht grob meiner bisherigen Vorgehensweise. Erstaunlicherweise betont die KI Punkte, die ich bisher als besonders menschlich wahrgenommen habe, wie Offenheit und Zugewandtheit gegenüber der Lehrkraft, einen solchen Aspekt hätte ich einer Maschine, auch wenn diese suggerierten Gefühlslagen natürlich nicht echt sind, nicht zugetraut. Die Durchführung des Gesprächs obliegt jedoch immer noch mir und dies wird auch auf absehbare Zeit so bleiben.

KI als Streitschlichter an der Schule

Konflikte gibt es an Schulen täglich und in allen Varianten. Oftmals muss Schulleitung hier eingreifen, ob moderierend oder wertend, alle Konflikte können, je nach Schwere und Thema, bei der Schulleitung landen. Besonders interessierte mich der Bereich Konfliktmanagement im Kollegium. Beispielhaft soll hier ein fiktiver Konflikt zwischen zwei Lehrkräften mit Hilfe einer KI gelöst werden:

ChatGPT Prompt:
Du bist Konfliktmanager und Schulleiter, erstelle eine Planung und einen Gesprächsablauf für ein Gespräch mit zwei Lehrkräften, die einen Konflikt miteinander haben. Sei professionell und sachlich, erstelle einen tabellarischen Ablauf

Ergebnis ChatGPT:
Als Konfliktmanager und Schulleiter ist es wichtig, eine professionelle und sachliche Herangehensweise für ein Gespräch zu wählen, das einen Konflikt zwischen Lehrkräften klären soll. Hier ist ein Vorschlag für eine Planung und einen tabellarischen Gesprächsablauf:
1. *Vorbereitung*
- *Analyse des Konflikts und Sammlung relevanter Informationen*
- *Auswahl eines neutralen Gesprächsortes und Terminfindung*
- *Einladung der beteiligten Lehrkräfte zu einem Konfliktklärungsgespräch*
2. *Gesprächsablauf*

Sch ritt	Beschreibung
1	Begrüßung und Gesprächsziel klarstellen: Die Beteiligten freundlich begrüßen und das Ziel des Gesprächs darlegen – den Konflikt klären und gemeinsam nach Lösungen suchen.
2	Gesprächsregeln festlegen: Die Beteiligten darauf hinweisen, respektvoll miteinander umzugehen, einander ausreden zu lassen und auf eine lösungsorientierte Kommunikation zu achten.
3	Perspektiven schildern: Jeder Beteiligte erhält die Gelegenheit, seinen Standpunkt und seine Sichtweise auf den Konflikt darzulegen. Achten Sie darauf, dass alle zu Wort kommen.
4	Konfliktursachen identifizieren: Gemeinsam mit den Beteiligten die Hauptursachen des Konflikts herausarbeiten und eine Liste der strittigen Punkte erstellen.
5	Lösungsmöglichkeiten erarbeiten: Ermutigen Sie die Beteiligten, gemeinsam nach Lösungen für die identifizierten Konfliktursachen zu suchen. Ziel ist es, Kompromisse und Vereinbarungen zu finden.
6	Vereinbarungen treffen: Die erarbeiteten Lösungen und Kompromisse in Form von konkreten Vereinbarungen festhalten, z. B. in einem schriftlichen Protokoll.
7	Abschluss und Follow-up: Zusammenfassung der getroffenen Vereinbarungen, Bedanken bei den Beteiligten für ihre Offenheit und Bereitschaft zur Konfliktlösung. Vereinbaren Sie einen Termin für ein Folgegespräch, um den Fortschritt zu überprüfen.

Durch eine strukturierte Vorgehensweise und den Fokus auf lösungsorientierte Kommunikation können Sie als Schulleiter dazu beitragen, den Konflikt zwischen den Lehrkräften zu klären und ein konstruktives Arbeitsklima wiederherzustellen.

Das Ergebnis entspricht fast exakt der Vorgehensweise, die in der Fachliteratur empfohlen wird, nur dass man nun nicht mehr viel Zeit in die Vorbereitung stecken muss und die KI dies in Sekunden schafft. Man kann sich komplett auf die Durchführung konzentrieren.

Die KI als Schlichter bei Schülerstreitigkeiten

Schülerstreitigkeiten sind an der Tagesordnung an jeder Schule und oft sind Lehrer und Schulleitung gefordert, als Vermittler und Schlichter einzuschreiten. Alle relevanten Daten müssen zusammengetragen und alle Beteiligten angehört werden. Doch was wäre, wenn ChatGPT auch diese Aufgabe übernehmen könnte? Die KI könnte in Windeseile alle Argumente analysieren, einen fairen Kompromiss vorschlagen und dabei noch für ein wenig Humor sorgen, um die aufgeheizte Stimmung abzukühlen? Probieren wir es aus und staunen über das Ergebnis zu einem fiktiven Streitfall, der sich sicherlich so auf jedem Pausenhof bereits ereignet hat.

Ergebnis ChatGPT:
Lieber Tim und Tom, ihr habt beide Recht – und Unrecht. Lasst uns das Problem lösen, indem ihr gemeinsam eine neue Regel für das Fußballspiel auf dem Pausenhof entwickelt. Und denkt daran: Im Fußball, wie im Leben, ist Teamarbeit der Schlüssel zum Erfolg!

Mit diesem humorvollen Beispiel möchte ich darstellen, dass ChatGPT etwas kann, was vielen Menschen schwerfällt: es kann auf Knopfdruck sogar Humor einbringen und dadurch andere Effekte erzielen, was besonders bei der Arbeit mit Kindern oftmals sinnvoll ist, um Konflikte zu entschärfen. Das obige Beispiel ist banal, aber es ermöglicht eine Einschätzung der Leistungsfähigkeit der KI in einem Bereich, der bisher nicht beleuchtet wurde: Humor. Die KI kann humorvoll jeden Inhalt darstellen, diese Gabe ist sicherlich nicht jedem gegeben und muss gerade im beruflichen Kontext sorgsam eingesetzt werden, aber nun ist jeder Mensch theoretisch in der Lage, dies für seine Zwecke zu nutzen, wenn er es für angebracht hält.

Um Ihnen aber einen genaueren Einblick in die Funktionsweise von ChatGPT als Schlichter bei Schülerstreitigkeiten zu geben, möchte ich ein konkreteres Beispiel vorstellen. Stellen Sie sich vor, zwei Schüler, Anna und Ben, haben einen Streit über ein gemeinsames Gruppenprojekt. Die Situation ist angespannt und droht zu eskalieren. An dieser Stelle kommt ChatGPT ins Spiel.

Zunächst könnte der Lehrer oder Schulleiter ChatGPT mit folgendem Prompt aktivieren:

ChatGPT Prompt:

ChatGPT, bitte hilf uns, einen Streit zwischen Anna und Ben über ihr Gruppenprojekt zu schlichten. Lade sie zum Gespräch ein, erstelle einen Gesprächsleitfaden und ein passendes Protokoll.

Ergebnis ChatGPT:

Liebe Anna und lieber Ben, es scheint, als gäbe es einige Unstimmigkeiten in eurem Gruppenprojekt. Lasst uns gemeinsam an einer Lösung arbeiten! Bitte trefft euch heute Nachmittag im Konferenzraum, um eure Gedanken und Sorgen offen miteinander zu teilen. Denkt daran, respektvoll zuzuhören und aufeinander einzugehen.

Im nächsten Schritt erstellt ChatGPT einen Gesprächsleitfaden, der sicherstellt, dass alle relevanten Themen angesprochen werden und ein konstruktiver Austausch stattfindet.

Ergebnis ChatGPT 2:

1. *Schilderung des Problems: Jeder Schüler erklärt, welche Aspekte des Gruppenprojekts ihm Schwierigkeiten bereiten.*
2. *Erfahrungen und Gefühle teilen: Anna und Ben teilen ihre Erfahrungen und Gefühle im Zusammenhang mit dem Projekt.*
3. *Respektvolles Zuhören: Jeder Schüler hört dem anderen aufmerksam zu, ohne Unterbrechungen oder Angriffe.*
4. *Nachfragen und Klärungen: Anna und Ben stellen Fragen und klären Unklarheiten, um die Perspektive des anderen besser zu verstehen.*
5. *Gemeinsame Lösungsfindung: Die Schüler arbeiten zusammen, um Lösungen zu finden und Kompromisse einzugehen.*

Abschließend erstellt ChatGPT ein Protokoll des Gesprächs, das die wichtigsten Punkte, Vereinbarungen und nächsten Schritte festhält. Dieses Protokoll kann den Schülerinnen und Schüler, Lehrern und Eltern zur Verfügung gestellt werden, um Transparenz und Nachvollziehbarkeit sicherzustellen.

Durch diese strukturierte Vorgehensweise unterstützt ChatGPT den Schlichtungsprozess und fördert einen konstruktiven Dialog zwischen der Schülerschaft. Dabei sorgt die Künstliche Intelligenz nicht nur für Objektivität, sondern kann auch, wenn gewünscht, durch humorvolle Einwürfe dazu beitragen, die Atmosphäre aufzulockern und die Kommunikation zu erleichtern. Diese Vorgehensweise erarbeitete ChatGPT ebenfalls extrem schnell und ist sicherlich auch auf andere Berufe und Situationen, in denen Konflikte auftauchen, einsetzbar. Auch hier stelle ich erneut fest: Man braucht mich nicht mehr als Konfliktmanager, sondern nur noch als Umsetzer der Planung der KI.

An Schulen sind bei schwerwiegenden Vergehen auch sogenannte Ordnungsmaßnahmen vorgesehen. Diese stellen einen formalen Verwaltungsakt dar und sind stark formalisiert. Fehler dürfen in diesem Bereich nicht passieren, da sonst Widersprüche erfolgreich sein können. Der Druck in diesem Bereich ist entsprechend groß und demnach beauftragte ich ChatGPT mit der Erstellung einiger Materialien, die für diesen Prozess notwendig sind. Das Beispiel und der Prompt sind rein fiktiv:

ChatGPT Prompt:

Erstelle die Einladung für Eltern für eine Ordnungsmaßnahme, gib dir selbst fiktive Rahmenbedingungen und Beispiele.

Ergebnis ChatGPT:
Betreff: Einladung zur Besprechung über die Ordnungsmaßnahme von [Schülername] – [Datum]
Sehr geehrte Frau [Mutter Nachname],
sehr geehrter Herr [Vater Nachname],

ich hoffe, Ihnen geht es gut. Ich möchte Sie zu einer Besprechung in unserer Schule einladen, um eine kürzlich getroffene Ordnungsmaßnahme bezüglich Ihres Kindes, [Schülername], zu erörtern. Die Besprechung findet am [Datum] um [Uhrzeit] in Raum [Raumnummer] statt.

Um Ihnen einen Überblick über die Situation zu geben, hier einige Informationen:

Am [Datum des Vorfalls] kam es zu einer Auseinandersetzung zwischen [Schülername] und einem Mitschüler in der Pause. Dabei wurden beleidigende Äußerungen getätigt, und es kam zu einer körperlichen Auseinandersetzung. Dieser Vorfall wurde von Lehrern und Schülern beobachtet und gemeldet.

Nach sorgfältiger Prüfung der Umstände und Berücksichtigung aller Beteiligten haben wir uns entschieden, eine Ordnungsmaßnahme gemäß unserer Schulordnung zu verhängen. [Schülername] wurde für drei Tage vom Unterricht suspendiert, und wir haben ein Schulsozialarbeiter eingebunden, um den Konflikt zu bearbeiten und zukünftige Vorfälle zu vermeiden.

In der Besprechung möchten wir die Hintergründe und die Gründe für die Ordnungsmaßnahme näher erläutern, Ihre Sichtweise hören und gemeinsam überlegen, wie wir [Schülername] dabei unterstützen können, solche Situationen in Zukunft besser zu bewältigen. Unser Ziel ist es, ein positives Schulklima zu fördern, in dem sich alle Schülerinnen und Schüler wohlfühlen und respektvoll miteinander umgehen.

Bitte bestätigen Sie Ihre Teilnahme an der Besprechung per E-Mail oder telefonisch unter [Telefonnummer der Schule] bis spätestens

[Anmeldedatum]. Sollten Sie zu diesem Termin verhindert sein, geben Sie uns bitte Bescheid, damit wir einen alternativen Termin vereinbaren können.

Wir freuen uns auf ein konstruktives Gespräch und hoffen, gemeinsam eine Lösung im Sinne von [Schülername] und unserer Schulgemeinschaft zu finden.

Mit freundlichen Grüßen,

[Schulleiter Vorname] [Schulleiter Nachname]

Schulleiter

[Name der Schule]

In diesem Prozess fehlt die Anhörung der Eltern, bevor meine eine Ordnungsmaßnahme verhängt, dies ist jedoch an dieser Stelle unerheblich. Die Qualität des Ergebnisses überrascht mich nicht mehr, da ich dies inzwischen erwarte. Was jedoch beeindruckt, ist die Art und Weise der Formulierungen, die, obwohl es hier um ein sehr unangenehmes Thema geht, immer noch zugewandt sind und die Eltern mit ins Boot nehmen, um Lösungen zu finden. Dies ist in dieser Art von Anschreiben selten zu finden. Das KI Ergebnis ist demnach von sehr guter Qualität und empathischer formuliert, vergleicht man es mit vielen anderen Schreiben dieser Art, die von Menschen geschrieben wurden und täglich verschickt werden. Zusammenfassend stelle ich auch in diesem Bereich fest, die KI kann meinen Job besser als ich. Fasziniert und schockiert zugleich widme ich mich dem nächsten Kapitel.

Klassenfahrten – Mit ChatGPT die perfekte Reise planen

Als Schulleiter ist mir bewusst, wie wichtig Klassenfahrten für das soziale Miteinander, das Lernen außerhalb des Klassenzimmers und die persönliche Entwicklung der Schülerschaft sind. Allerdings ist die Planung und Organisation solcher Ausflüge oft mit einer Menge Papierkram und Verantwortung verbunden. An diesem Kapitel möchte ich Ihnen zeigen, wie ChatGPT mir dabei helfen kann, Schulausflüge effizienter und stressfreier zu gestalten. In diesem Prozess sind natürlich auch Lehrkräfte beteiligt, aber ich beschränke mich auf den Bereich, den ich als Schulleitung abdecke. Oftmals werden mir Verträge von Anbietern von Klassenfahrten vorgelegt, die äußerst umfangreich und für einen Nicht- Juristen nicht immer leicht verständlich sind. Hier erkenne ich meine Chance und füttere die KI mit dem Inhalt der Verträge.

ChatGPT Prompt:
Analysiere den Vertrag mit dem Reiseveranstalter [Name] und fasse die wichtigsten Bedingungen, Pflichten und Verantwortlichkeiten für die Schule zusammen.

Ergebnis:
Nach der Analyse des Vertrags mit dem Reiseveranstalter [Name] und unter Berücksichtigung der wichtigsten Bedingungen, Pflichten und Verantwortlichkeiten ergeben sich die folgenden Punkte:

1. _Vertragsabschluss: Der Reisevertrag kommt erst mit der schriftlichen Reisebestätigung des Reiseveranstalters gegenüber dem Kunden zustande, die dieser innerhalb von 14_

Tagen an den Kunden versendet oder diesem nach Absprache innerhalb dieser Zeit anderweitig zukommen lässt.

2. Bevollmächtigung der Schulleitung: Der Kunde bevollmächtigt die Schulleitung bei bestehender Notwendigkeit in Absprache mit dem Reiseveranstalter, einen neuen Reisetermin festzulegen.

3. Leistungen: Der Reiseveranstalter kann die eigenen Leistungen hinsichtlich einzelner Teilleistungen ändern, sofern die Änderung keine erhebliche Abweichung von der Leistungsbeschreibung darstellt und sie dem Kunden zumutbar ist. Änderungen wesentlicher Reiseleistungen sind nur bis zum 21. Tag vor der Abreise möglich.

4. Zahlungen: Die Anzahlung beträgt nicht mehr als 20% des Reisepreises. Der gesamte Reisepreis ist von dem Kunden bis 28 Tage vor Reiseantritt zu zahlen.

5. Rückerstattungen: Etwaige Rückerstattungen des gesamten Reisepreises oder Teilen davon sowie der Anzahlung oder Teilen davon können sich aufgrund eines berechtigten Rücktritts des Kunden von der Reise, des berechtigten Rücktritts des Reiseveranstalters oder aufgrund einer Absage der Reise durch den Reiseveranstalter ergeben.

Risiken für den Schulleiter:

1. Verantwortlichkeit für weitere Teilnehmer: Sofern der Anmeldende weitere Teilnehmer für die Reise anmeldet, gilt die Buchung der Reise insoweit auch für diese weiteren Teilnehmer, soweit der Anmeldende ausdrücklich erklärt hat,

eine gesonderte Verpflichtung für die Vertragspflichten der weiteren Teilnehmer zu übernehmen.

2. *Änderungen im Reiseverlauf: Der Reiseveranstalter kann ausgeschriebene Programmpunkte auch nach Reiseantritt ändern oder ganz oder teilweise streichen, sofern mangelnde Disziplin und Ordnung oder Gefahren für Leib und Leben deren Durchführung als unverantwortlich erscheinen lassen. Dies kann zu Unzufriedenheit oder Beschwerden seitens der Reiseteilnehmer führen.*

3. *Fristen und Zahlungsbedingungen: Als Schulleiter müssen Sie sicherstellen, dass alle Fristen und Zahlungsbedingungen eingehalten werden, um mögliche Stornogebühren oder Vertragsstrafen zu vermeiden.*

Obwohl wir bereits feststellen konnten, dass ChatGPT die meisten Aufgaben problemlos meistert, habe ich erwartet, dass wir mit dieser Aufgabe an die Grenzen der Leistungsfähigkeit der KI stoßen. Ich habe mich erneut getäuscht, aber auch diesmal freue ich mich sehr darüber. Dieser Bereich meiner Tätigkeit ist immer mit einem gewissen Restrisiko verbunden, da man selten in der Lage ist, die Verträge in Gänze juristisch einzuschätzen. Mit ChatGPT habe ich jetzt einen „Schulanwalt" an meiner Seite und freue mich sehr darüber. Die Einschätzung der Risiken ermöglicht mir nun eine Kontaktaufnahme mit dem Reiseveranstalter, bei der man dann über die einzelnen Punkt diskutieren kann.

Aber damit ist es nicht getan. ChatGPT kann dabei unterstützen, umfassende Checklisten für Schulausflüge zu erstellen, die sicherstellen, dass wir alle Aspekte der Reise berücksichtigen. Dies kommt besonders den Lehrkräften zugute, die die Planung übernehmen.

ChatGPT Prompt:

Erstelle eine umfassende Checkliste für einen dreitägigen Schulausflug in die Stadt [Stadtname], einschließlich Unterkunft, Verpflegung, Transport und Aktivitäten.

Das Ergebnis sparen wir uns an dieser Stelle, da es selbstverständlich allen Erwartungen entspricht. ChatGPT wird in naher Zukunft durch sogenannte PlugInns in der Lage sein, alles, was zu dieser Reise gehört, automatisch zu buchen.

Die Budgetierung ist ein entscheidender Aspekt bei der Planung von Schulausflügen. Aus diesem Grunde erschwere ich die Arbeit für ChatGPT und gebe ein Limit für den Schulausflug, wie es durch die Schulkonferenz in der Praxis auch der Fall ist, um die KI weiter auszutesten.

ChatGPT Prompt:

Erstelle eine Planung für einen Schulausflug mit 30 Schülerinnen und Schülern und 3 Lehrkräften nach Berlin, einschließlich Unterkunft, Verpflegung, Transport, Eintrittsgelder und sonstige Ausgaben. Die Kosten dürfen 250 Eur pro Person nicht übersteigen.

<u>Ergebnis ChatGPT:</u>

Reiseplanung für einen Schulausflug nach Berlin (30 Schüler und 3 Lehrer):

Gesamtbudget: 33 Personen x 250 EUR = 8.250 EUR

1. *Transport:*
   - *Hin- und Rückfahrt mit dem Fernbus oder Gruppenreise im Zug*
   - *Kosten: ca. 50 EUR pro Person*
   - *Gesamtkosten: 33 Personen x 50 EUR = 1.650 EUR*
2. *Unterkunft:*
   - *Jugendherberge/Hostel für 3 Nächte*
   - *Kosten: ca. 30 EUR pro Person/Nacht*
   - *Gesamtkosten: 33 Personen x 30 EUR x 3 Nächte = 2.970 EUR*
3. *Verpflegung:*
   - *Frühstück in der Unterkunft (im Preis inbegriffen)*
   - *Mittagessen: Selbstverpflegung oder günstige Cafés/ Restaurants (ca. 10 EUR/Tag)*
   - *Abendessen: Selbstverpflegung oder günstige Cafés/ Restaurants (ca. 15 EUR/Tag)*
   - *Gesamtkosten pro Person: (10 EUR + 15 EUR) x 3 Tage = 75 EUR*
   - *Gesamtkosten: 33 Personen x 75 EUR = 2.475 EUR*
4. *Öffentliche Verkehrsmittel:*
   - *Gruppenticket für 3 Tage (Tarifbereich AB)*
   - *Kosten: ca. 20 EUR pro Person*
   - *Gesamtkosten: 33 Personen x 20 EUR = 660 EUR*

5. *Eintrittsgelder:*

- *Reichstag (kostenlos, Anmeldung erforderlich)*
- *DDR-Museum: ca. 5 EUR pro Person (Gruppentarif)*
- *Stasimuseum: ca. 4 EUR pro Person (Gruppentarif)*
- *Jüdisches Museum: ca. 3 EUR pro Person (Gruppentarif)*
- *Gedenkstätte Berliner Mauer: kostenlos*
- *Gesamtkosten pro Person: 12 EUR*
- *Gesamtkosten: 33 Personen x 12 EUR = 396 EUR*

6. *Sonstige Ausgaben:*

- *Freizeitaktivitäten, z.B. Berliner Fernsehturm (ca. 10 EUR pro Person)*
- *Souvenirs und persönliche Ausgaben*
- *Gesamtkosten pro Person: 20 EUR*
- *Gesamtkosten: 33 Personen x 20 EUR = 660 EUR*

Gesamtausgaben: 1.650 EUR (Transport) + 2.970 EUR (Unterkunft) + 2.475 EUR (Verpflegung) + 660 EUR (Öffentliche Verkehrsmittel) + 396 EUR (Eintrittsgelder) + 660 EUR (Sonstige Ausgaben) = 8.811 EUR

Um innerhalb des Budgets von 8.250 EUR zu bleiben, könnten einige Kosten reduziert werden, z.B. durch die Wahl einer günstigeren Unterkunft, günstigere Verpflegungsmöglichkeiten oder den Verzicht auf einige kostenpflichtige Aktivitäten. Alternativ könnten zusätzliche Mittel durch Fundraising oder Sponsoring eingeworben werden.

Das Ergebnis ist für Schulen und Lehrkräfte sicherlich erfreulich, für Reiseplaner und Reiseanbieter sind dies sicherlich eher schlechte

Nachrichten, da man die Dienste dieser Anbieter zukünftig weniger in Anspruch nehmen muss, was die Kosten sicherlich senkt. Abschließend nun noch der passende Elternbrief und fertig ist der Schulausflug.

Chat GPT Prompt:
Verfasse einen Informationsbrief an die Eltern, der die Details zum Schulausflug nach [Reiseziel] enthält, einschließlich Reisedaten, Kosten, Aktivitäten und Kontaktdaten der begleitenden Lehrer.

Betreff: Schulausflug nach Reiseziel – Wichtige Informationen für Eltern
Liebe Eltern,
wir freuen uns, Ihnen mitteilen zu können, dass unsere Schule in diesem Jahr einen Schulausflug nach [Reiseziel] organisiert. Der Ausflug ist für die Schülerinnen und Schüler der Klassen [Klassenstufen] vorgesehen und findet vom [Reisedatum Beginn] bis zum [Reisedatum Ende] statt. In diesem Brief finden Sie wichtige Informationen zu Reisedaten, Kosten, Aktivitäten und Kontaktdaten der begleitenden Lehrer.
Reisedaten:
Der Schulausflug beginnt am [Reisedatum Beginn] und endet am [Reisedatum Ende]. Wir werden uns am [Abfahrtsort] um [Abfahrtszeit] treffen und planen, am letzten Tag des Ausflugs um [Rückkehrzeit] wieder am selben Ort anzukommen.
Kosten:

Die Gesamtkosten für den Schulausflug betragen [Gesamtkosten] Euro pro Schüler. Dieser Betrag deckt Unterkunft, Verpflegung, Transport, Eintrittsgelder und sonstige Ausgaben ab. Die Zahlung ist bis zum [Zahlungsfrist] auf das folgende Konto zu überweisen: [Bankverbindung und Zahlungsreferenz].

Aktivitäten:

Während unseres Schulausflugs nach [Reiseziel] werden wir eine Vielzahl von Aktivitäten und Besichtigungen unternehmen, die sowohl lehrreich als auch unterhaltsam sind. Dazu gehören unter anderem [Liste der geplanten Aktivitäten, z.B. Besuch von Sehenswürdigkeiten, Museen, Workshops, etc.].

Kontaktdaten der begleitenden Lehrer:

Die Schüler werden von den folgenden Lehrern begleitet: [Namen der Lehrer]. Im Falle eines Notfalls oder bei dringenden Fragen während des Schulausflugs können Sie die Lehrer unter folgenden Telefonnummern erreichen: [Telefonnummern der Lehrer].

Wir sind überzeugt, dass dieser Schulausflug eine großartige Gelegenheit für unsere Schülerinnen und Schüler ist, ihre Klassengemeinschaft zu stärken und gemeinsam neue Erfahrungen zu sammeln. Sollten Sie noch Fragen oder Bedenken haben, zögern Sie bitte nicht, uns zu kontaktieren.

Mit freundlichen Grüßen,

[Ihr Name]

Schulleiter/-in [Name der Schule]

Mit der Hilfe von ChatGPT können wir als Schulleitung entspannter die Thematik Schulausflüge behandeln. Lehrkräfte können effektiver und stressfreier planen und organisieren, sodass wir uns auf das Wesentliche konzentrieren können: das Wohlergehen und die Bildung unserer Schülerschaft. Durch den Einsatz von Künstlicher Intelligenz sparen wir enorm viel Zeit und Ressourcen. Die KI wird sicherlich bald an Schulen die komplette Planung von Klassenfahrten übernehmen können, man muss nur noch Präferenzen angeben und dann eine Entscheidung treffen.

Gremienarbeit und Konferenzen

Die Planung, Organisation und Durchführung von Gremien und Konferenzen sind Pflichtaufgaben für Schulleitungen, aber auch hier übernimmt nun, auf der Grundlage weniger Stichworte, die KI die Hauptarbeit:

ChatGPT Prompt:
Erstelle eine Tagesordnung für eine Schulkonferenz in Form einer Tabelle mit drei Spalten, Nummer, Zeit, Inhalt. Punkte sind Personalbesetzung, Schulfest, Individuelle Förderung und Festlegung der beweglichen Ferientage, Verschiedenes.

Nummer	Zeit	Inhalt
1	09:00-09:30	Personalbesetzung: Neueinstellungen, Umsetzungen und Fortbildungen
2	09:30-10:00	Schulfest: Planung, Organisation und Verantwortlichkeiten

3	10:00-10:30	Individuelle Förderung: Konzepte, Umsetzung und Erfolgskontrolle
4	10:30-11:00	Pause
5	11:00-11:30	Festlegung der beweglichen Ferientage: Abstimmung und Kommunikation
6	11:30-12:00	Verschiedenes: Aktuelle Themen, Anliegen und offene Fragen

Das Ergebnis ist erstaunlich, da ich bewusst wenige Informationen geliefert habe, dennoch ist das Ergebnis nützlich. Auch hier übernimmt demnach ChatGPT Arbeit, die wenig Spaß macht und kann nun eine Tagesordnung für mich erstellen, die ich dann in kurzer Zeit optimieren kann.

Zukunftsvisionen: Eine Schule ohne Schulleitung?

Der Beruf der Schulleitung hat sich immer stärker ins Management, in Planung und Verwaltung entwickelt. Durch Nutzung von KI kann man sich nun durch die Zeitersparnis wieder mehr den Menschen in der Schule widmen. Aber ist demnach eine Schule mit KI Unterstützung auch ohne eine Schulleitung möglich? Bis vor kurzem hätte ich diese Frage klar verneint, aber durch den oben dargestellten Prozess, den ich in den letzten Monaten durchlaufen habe, bin ich mir nicht mehr sicher, ob es noch einer Schulleitung bedarf. Theoretisch könnten Lehrkräfte die Aufgaben der Schulleitung nun mithilfe von ChatGPT und/oder anderen KI Tools erledigen, das entsprechende Fachwissen ist nicht mehr notwendig, allerdings muss man die Ergebnisse prüfen und für eventuelle Fehler die Verantwortung übernehmen.

Hier sind einige Gründe, die diese Zukunftsvision unterstützen:

1. Automatisierung von Routineaufgaben: KI-Systeme können viele administrative und organisatorische Aufgaben übernehmen, wie oben dargestellt, die bisher von Schulleitungen erledigt wurden. Die Automatisierung dieser Aufgaben kann dazu führen, dass die Rolle des Schulleiters weniger zentral wird oder sogar ganz entfällt.

2. KI-gestützte Entscheidungsfindung: KI kann komplexe Daten analysieren und Muster erkennen, die für Menschen schwer zu erfassen sind. Dadurch kann sie Nutzern bei Entscheidungsprozessen helfen, indem sie beispielsweise Sachlagen oder Verträge präzise einschätzt, bewertet und eine Empfehlung für eine Entscheidung abgibt. In einer Schule ohne Schulleitung könnten solche Entscheidungen von KI-Systemen getroffen werden, die auf objektiven Kriterien basieren oder Lehrkräfte können Entscheidungen dezentral treffen.

3. KI-gesteuerte Kommunikation und Zusammenarbeit: KI kann die Kommunikation innerhalb der Schule verbessern und die Zusammenarbeit zwischen Lehrkräften, Schülerschaft und Eltern fördern. Chatbots und virtuelle Assistenten können zum Beispiel bei der Beantwortung von Fragen helfen oder den Informationsaustausch zwischen den verschiedenen Beteiligten erleichtern. In einer Schule ohne Schulleitung könnten KI-Systeme deren Rolle in der Kommunikation und Koordination übernehmen. Die aufgezeigten Beispiele belegen, dass KI

Chatbots, wie ChatGPT, in diesem Bereich sicherlich die größten Stärken aufweisen.

4. Dezentrale Schulstrukturen: In einer Zukunft, in der KI sich in der Schule ausgebreitet hat und eine zentrale Rolle einnimmt, könnten Schulen dezentraler organisiert sein. Anstatt einer zentralen Führung könnten Lehrerteams gemeinsam die Verantwortung für die Schulentwicklung übernehmen und dabei auf die Unterstützung von KI-Systemen setzen. Eine Schulleitung wäre theoretisch obsolet.

Obwohl eine Schule ohne Schulleitung in der Zukunft denkbar ist, ist es bisher so, dass die Umsetzung vieler KI Ergebnisse in den meisten Bereichen immer noch durch einen Menschen erfolgen muss, ob man diese Person dann noch als Schulleitung bezeichnet, erscheint zweifelhaft. Besonders erstaunlich sind die von der KI simulierten menschlichen Fähigkeiten, die KI-Systeme früher nicht umsetzen konnten, wie z. B. Empathie und Kreativität. Für die Schulleitung bleibt demnach nur die Beziehungsarbeit und vielleicht ist dies am Ende sogar eine gute Nachricht. Momentan versuche ich eine Balance zwischen der Nutzung von KI-Technologien und der Bewahrung meiner menschlichen Kompetenzen zu finden. Da ich nun dargestellt habe, wie mein Beruf sich verändern und wahrscheinlich am Ende verschwinden wird, gehen wir nun über zu anderen Berufen. Warum soll es Ihnen besser ergehen als mir?

Die Künstliche Intelligenz-Revolution und ihre Auswirkungen auf den Arbeitsmarkt

Wie KI die Arbeitswelt verändert

Die Künstliche Intelligenz (KI) hat in den letzten Jahren beeindruckende Fortschritte gemacht und ist mittlerweile in vielen Bereichen des täglichen Lebens präsent. Siri und Alexa sind inzwischen jedem Kind bekannt und werden immer selbstverständlicher genutzt. Von der Spracherkennung in Smartphones bis hin zur automatisierten Fertigung in der Wirtschaft– KI hat unser Leben und unsere Arbeitswelt grundlegend verändert, aber bisher in einer moderaten Geschwindigkeit.

Dies ändert sich seit der Einführung von ChatGPT gravierend. Jeder hat bereits davon gehört, KI ist demnach in der Mitte der Gesellschaft angelangt. Einer der Hauptgründe für den rasanten Fortschritt in der KI-Forschung ist die exponentielle Zunahme der verfügbaren Rechenleistung sowie der Menge an Daten, die wir zur Verfügung haben. Diese Kombination ermöglicht es KI-Systemen, immer komplexere Aufgaben zu meistern und menschenähnliche Fähigkeiten in Bereichen wie Sprache, Bilderkennung und Problemlösung zu entwickeln. ChatGPT, Midjourney, DallE und viele andere KI Programme überschwemmen den Markt. Enthusiasmus auf der einen Seite, Angst, Ablehnung und Überforderung auf der anderen Seite sind die Reaktionen der Menschen auf diese Entwicklung.

Der Einsatz von KI in der Arbeitswelt hat sowohl positive als auch negative Auswirkungen. Wie am Beispiel meiner beruflichen

Tätigkeit aufgezeigt, kann die KI einerseits dazu beitragen, die Produktivität zu steigern, indem sie zeitraubende und repetitive Aufgaben automatisiert und somit menschlichen Mitarbeitern die Möglichkeit gibt, sich auf kreativere und anspruchsvollere Tätigkeiten zu konzentrieren. Aber diese Grenze weicht immer mehr auf und auch diese Tätigkeiten können inzwischen in Teilen auch von KI Tools übernommen werden. Demnach besteht die konkrete Gefahr, dass KI menschliche Arbeitskräfte ersetzt und somit zu einem Verlust von Arbeitsplätzen führen wird.

Chancen und Risiken für die Zukunft

Die Auswirkungen von KI auf den Arbeitsmarkt sind noch nicht vollständig absehbar, aber es ist klar, dass sie tiefgreifend sein werden. Einige Berufe werden möglicherweise ganz verschwinden, während andere sich grundlegend verändern und sich an die neuen Technologien anpassen müssen. Mit Sicherheit werden neue Berufe im Zuge der verstärkten Nutzung von KI hinzukommen. Einer der größten Vorteile der KI ist ihre Fähigkeit, komplexe Datenmengen schnell und effizient zu analysieren und darauf basierend Entscheidungen zu treffen. Diese Fähigkeit kann in vielen Bereichen eingesetzt werden, um Prozesse zu optimieren und Kosten zu senken. Zum Beispiel können KI-Systeme im Gesundheitswesen dabei helfen, den Verwaltungsaufwand zu reduzieren, Diagnosen schneller und genauer zu stellen und personalisierte Behandlungspläne zu erstellen. Diese KI Tools sind teilweise schon im Einsatz, aber dazu später mehr.

Natürlich gibt es auch Risiken, die mit dem Einsatz von KI in der Arbeitswelt verbunden sind. Eine der größten Sorgen ist, wie bereits erwähnt, der mögliche Verlust von Arbeitsplätzen durch Automatisierung. Wenn KI-Systeme menschliche Arbeitskräfte ersetzen, kann dies zu einer erhöhten Arbeitslosigkeit und sozialen Unruhen führen. Früher erschienen mir Vorschläge für ein bedingungsloses Grundeinkommen nicht nachvollziehbar, unter den neuen Gegebenheiten sind sie meiner Meinung nach in Zukunft eine Überlegung wert. Was passiert, wenn wir wirklich nicht mehr arbeiten müssen, weil die KI den Großteil der Arbeit für uns erledigt? Es ist wichtig, dass wir uns dieser Herausforderungen bewusst sind und Strategien entwickeln, um den Übergang in eine von KI geprägte Arbeitswelt so reibungslos wie möglich zu gestalten.

Die ethische und gesellschaftliche Dimension der KI-Entwicklung bleibt zu beobachten. Obwohl sich die Firmen der Problematik bewusst sind, kann es beispielsweise zu Diskriminierung und Verzerrung in KI-gestützten Entscheidungen kommen, wenn die eingesetzten Algorithmen und Trainingsdaten nicht sorgfältig überprüft und angepasst werden. Daher ist es entscheidend, ethische Richtlinien und Regulierungen für den Einsatz von KI in der Arbeitswelt zu schaffen, um solche Probleme zu vermeiden. Hier ist die Politik gefordert, ohne reflexartig auf Verbote zu setzen.

Um diese Herausforderungen erfolgreich zu bewältigen, ist es wichtig, dass alle Akteure – von Unternehmen über Politik bis hin zu Bildungseinrichtungen – zusammenarbeiten und eine gemeinsame Vision für die Zukunft der Arbeit entwickeln. Dies beinhaltet auch die

Etablierung von Umschulungs- und Weiterbildungsprogrammen, die es den Menschen ermöglichen, sich an die veränderten Anforderungen des Arbeitsmarktes anzupassen und ihre Fähigkeiten kontinuierlich weiterzuentwickeln. Es wird keinen Beruf geben, der nicht betroffen ist, jeder wird lernen müssen KI Tools zu bedienen, ansonsten verliert man beruflich den Anschluss.

Zusätzlich sollte der Fokus darauf liegen, die Vorteile der KI-Technologie zu nutzen, menschliche Fähigkeiten und Kreativität in den Vordergrund zu stellen und sie mithilfe von KI Tools weiterzuentwickeln. Anstatt Arbeitskräfte einfach durch KI zu ersetzen, sollten Unternehmen und Organisationen nach Möglichkeiten suchen, menschliche und künstliche Intelligenz synergetisch miteinander zu verbinden. So kann die KI den Menschen bei Routineaufgaben entlasten und ihm mehr Zeit und Energie für sinnvolle Tätigkeiten geben. Sobald Reinigungskräfte lange Flure und Sporthallen wischen, wird mir immer bewusst, dass in vielen privaten Haushalten diese Arbeit inzwischen von Reinigungsrobotern übernommen wird. Dieser Beruf wird demnach immer weiter an Bedeutung verlieren und schließlich von Robotern ausgeführt werden.

Insgesamt steht die Arbeitswelt vor einer tiefgreifenden Transformation durch die zunehmende Verbreitung von Künstlicher Intelligenz. Es liegt in unserer Verantwortung, uns auf diese Veränderungen vorzubereiten und die richtigen Rahmenbedingungen zu schaffen, um sowohl die Chancen als auch die Risiken, die mit der KI-Revolution einhergehen, erfolgreich zu bewältigen. Nur so können wir eine Zukunft gestalten, in der

Mensch und Maschine Hand in Hand arbeiten und gemeinsam einen Mehrwert für unsere Gesellschaft schaffen. Die Dominanz der KI wird immer weiter zunehmen, wir müssen Antworten darauf finden, ohne Angst und ohne die Möglichkeit zu verbauen, mit KI - Tools unser Leben und unsere Zukunft zu verbessern.

ChatGPT und seine Geschwister: KI-Tools, die unsere Arbeit übernehmen

ChatGPT: Der Textexperte

Im Herzen der Künstlichen Intelligenz-Revolution stehen bahnbrechende Technologien wie ChatGPT, ein KI-Modell, das darauf ausgelegt ist, menschenähnlichen Text in natürlicher Sprache zu generieren. Entwickelt von OpenAI, hat ChatGPT das Potenzial, die Art und Weise, wie wir mit Computerprogrammen interagieren, grundlegend zu verändern und die Effizienz in einer Vielzahl von Branchen zu steigern. Die Verbreitung war seit Dezember rasant und ist nicht mehr aufzuhalten. Selbst Kinder gehören inzwischen zu den Nutzern, da es so einfach zu bedienen ist und die Anwendungsbereichen unzählig sind.

Dank seiner Fähigkeit, Texte schnell und präzise zu erstellen, kann ChatGPT in verschiedenen Anwendungsfällen und Berufen eingesetzt werden, wie z.B. im Kundensupport, bei der Erstellung von Inhalten oder bei der Automatisierung von Berichten. Wir werden in den folgenden Kapiteln zeigen, welche Berufe am stärksten davon betroffen sein werden.

Übersetzungs-KI: Die Sprachgenies

KI-gestützte Übersetzungstools sind ein weiteres Beispiel für die wachsende Präsenz von KI in unserem Alltag. Der Google Translator dürfte inzwischen jedem bekannt sein, auch wenn die Qualität der Ergebnisse durchwachsen ist. Durch die Verwendung von maschinellem Lernen und neuronalen Netzwerken können diese Systeme mittlerweile Texte in verschiedenen Sprachen mit einer erstaunlichen Genauigkeit übersetzen. DeepL ist ein deutsches KI Produkt und liefert hervorragende Ergebnisse, die einen Übersetzer fast überflüssig machen. Die Möglichkeiten, die sich durch solche Technologien ergeben, sind immens und können den Wirtschafts- und Kulturaustausch auf globaler Ebene fördern. Die Arbeitsplätze von professionellen Übersetzern werden in naher Zukunft wegfallen, da die Qualität und Geschwindigkeit der KI-Übersetzungen weiter zunehmen wird.

Herstellung und Erkennung von Bild- und Videoprodukten: Die visuellen Virtuosen

Neben ChatGPT haben die KI Tools Midjourney, Synthesia und DallE für viel Aufsehen gesorgt. Auch diese Tools haben bereits beeindruckende Fortschritte gemacht in der Bild- und Videoerkennung und deren Produktion. Mithilfe von Deep Learning und Convolutional Neural Networks (CNNs) sind KI-Systeme heute in der Lage, Objekte, Personen und sogar Emotionen in Bildern und Videos zu erkennen, zu analysieren und diese weiter zu verarbeiten, um neue Produkte zu erstellen. Diese Fähigkeiten haben bereits Anwendungen in Bereichen wie Überwachung, autonomes Fahren, Medizin und Marketing gefunden. Jedoch war die Anwendung bisher Experten vorbehalten, dies ist nun vorbei. Durch die einfache Bedienung können nun auch Laien Fotos und Videos nach Belieben erstellen und manipulieren. Dies eröffnet unzählige Möglichkeiten zur beruflichen Nutzung und soll später noch genauer ausgeführt werden. Aber auch die Möglichkeit der Erstellung von Fake News ist nun leichter zugänglich.

Trotz der vielfältigen Einsatzmöglichkeiten bergen KI-gestützte Bild- und Videoerkennungssysteme auch Risiken in Bezug auf Datenschutz und Privatsphäre. Zudem besteht die Gefahr, dass sie Arbeitsplätze in Bereichen wie Sicherheit/ Überwachung, Fotografie oder Filmproduktion in kurzer Zeit ersetzen können und werden. Als Laie habe ich das KI-Tool Synthesia genutzt und in wenigen Minuten ein Werbevideo samt KI Avatar erstellt. Dafür musste ich nur ein wenig Text eingeben, der Rest war vorgefertigt oder wurde von der KI umgesetzt. Mein Avatar konnte den Text in allen gängigen Sprachen aufsagen. Dies war, wie bereits mehrfach geschehen, faszinierend und beängstigend für mich zugleich. Jeder kann für sich nun professionelle Werbevideos und andere Videoproduktionen erstellen, was gerade für kleinere Unternehmen und Einzelpersonen von besonderer Bedeutung ist. Dies wird auch zwangsläufig zum Wegfall vieler Berufe in diesem Bereich führen. Aber natürlich kann auch diese Technik missbraucht werden und Fake News massenhaft produziert und in Form von Videos und Fotos verbreitet werden. Dies gab es bereits in der Vergangenheit häufig, aber nun können auch Laien dies problemlos leisten, was zwangsläufig zu einer Zunahme von Fake News führen wird. Werbefotos und ganze Werbekampagnen können nun mit wenigen Worten erstellt und im Internet, aber auch gedruckt und analog, verbreitet werden. Dafür muss man bei Midjourney, Canva oder DallE nur wenige Worte formulieren und erhält das passende Bild dazu. Ein paar vorgefertigte Textbausteine eingebaut und fertig ist die Werbekampagne, die professionell aussieht und zum Einsatz bereit ist. Dies alles ist ohne jegliche Vorkenntnisse möglich. Auch dies habe ich ausprobiert und meine Ergebnisse sind von professionellen Produkten kaum bis gar nicht zu unterscheiden.

Big Data und maschinelles Lernen: Die Datenjongleure

Die Fähigkeit von KI-Systemen, große Datenmengen zu verarbeiten und daraus Muster und Zusammenhänge zu erkennen, hat weitreichende Auswirkungen auf die Arbeitswelt. Big Data und maschinelles Lernen ermöglichen es Unternehmen, ihre Geschäftsprozesse zu optimieren, Risiken besser einzuschätzen und neue Geschäftsmodelle zu entwickeln.

Im Finanzsektor beispielsweise ermöglichen KI-gestützte Systeme eine genauere Kreditrisikobewertung, während im Marketing automatisierte Analysen und Segmentierungen dazu beitragen können, personalisierte und effektive Kampagnen zu erstellen. In der Logistikbranche ermöglicht die Analyse von Verkehrsdaten und Routenplanung eine effizientere Organisation von Transportmitteln und Lieferketten. Dies geschieht bislang unbemerkt von der Öffentlichkeit, aber der Prozess ist bereits in vollem Gange.

Obwohl der Einsatz von Big Data und maschinellem Lernen viele Vorteile mit sich bringt, gibt es auch hier potenzielle Nachteile. Arbeitsplätze in der Datenanalyse, im Finanzwesen oder im Marketing werden immer stärker durch KI-Systeme bedroht, die diese Aufgaben schneller und präziser ausführen können. Sogenannte Fintechs, die KI Technik nutzen, übernehmen immer mehr Dienstleistungen im Finanzsektor. Der normale Bürger erkennt dies nur daran, dass immer mehr Filialen der etablierten Banken schließen. Darüber hinaus müssen wir auch hier die ethischen Implikationen und Datenschutzprobleme im Zusammenhang mit der Sammlung und Verwendung großer Datenmengen berücksichtigen, aber diese Hindernisse sind größtenteils bereits ausgeräumt worden.

Insgesamt zeigt sich deutlich, dass Künstliche Intelligenz in verschiedenen Bereichen immer stärker zum Einsatz kommt und sowohl Chancen als auch Herausforderungen für die Arbeitswelt mit sich bringt. Die Fähigkeiten von KI-Systemen wie ChatGPT, Übersetzungs-KI, Bild- und Videoerkennung, sowie Big Data und maschinelles Lernen haben nicht nur das Potenzial, zahlreiche Branchen zu revolutionieren, die Revolution ist bereits in vollem Gange, sie wird nur stärker wahrgenommen, da die KI Tools nun so leicht zu bedienen sind, dass jedermann sie nutzen kann. Um die positiven Aspekte dieser Technologien zu nutzen und die negativen Auswirkungen auf den Arbeitsmarkt abzumildern, ist es entscheidend, eine ausgewogene und nachhaltige Strategie für den Einsatz von KI in der Arbeitswelt zu entwickeln, dies steht noch aus und es wird spannend sein, für welchen Weg die Politik sich entscheiden wird. Die Vorreiter in diesem Gebiet sind in Ländern beheimatet, die eher die Chancen sehen und die Herausforderungen, wie beispielsweise Datenschutz, als hinnehmbar ansehen. Führend in diesem Bereich sind, wenig überraschend, die USA und China. Aber auch Deutschland ist nicht völlig abgehängt, es liegt nun aber an politischen Entscheidungsträgern, die Rahmenbedingungen zu schaffen, damit wir auch in Deutschland in diesem Bereich wettbewerbsfähig werden.

Jobs, die bald von Künstlicher Intelligenz übernommen werden könnten

Beginnen wir direkt mit einer Einschätzung von ChatGPT, welche Berufe zukünftig durch KI wegfallen könnten und mit welcher Wahrscheinlichkeit dies geschieht:

Platz	Beruf	Wahrscheinlichkeit (%)
1	Datenerfasser	95
2	Buchhalter	90
3	Bankangestellter	85
4	Versicherungsvertreter	80
5	Kassierer	75
6	Kundendienstmitarbeiter	70
7	Reisebüroangestellter	65
8	Bestandsaufnehmer	60
9	Warenprüfer	55
10	Sekretär	50

11	Verkäufer	45
12	Postbote	40
13	Bibliothekar	35
14	Lagerarbeiter	30
15	Handwerker	25
16	Küchenpersonal	20
17	Fahrer	15
18	Journalist	10
19	Lehrer	5
20	Künstler	1

Diese Liste basiert auf einer Einschätzung der derzeitigen Entwicklungen in der KI-Technologie und der potenziellen Fähigkeit von KI-Systemen, bestimmte Aufgaben besser oder schneller auszuführen als menschliche Arbeitskräfte.

Bezieht man die Frage auf ChatGPT speziell, kommt folgendes Ergebnis dabei raus:

Platz	Beruf	Wahrscheinlichkeit (%)
1	Chatbot-Entwickler	100
2	Online-Texter	95
3	Social-Media-Manager	90
4	Kundenservice-Vertreter	85
5	Content-Marketing-Spezialist	80
6	Technischer Redakteur	75
7	Übersetzer	70
8	Journalist	65
9	Persönlicher Assistent	60

10	Reiseberater	55
11	Buchkritiker	50
12	Restaurantkritiker	45
13	Filmkritiker	40
14	Modeberater	35
15	Musikjournalist	30
16	Literaturkritiker	25
17	Kunstberater	20
18	Psychologischer Berater	15
19	Karriereberater	10
20	Lebensberater	5

Diese Liste basiert auf der Annahme, dass ChatGPT und ähnliche KI-Systeme in der Lage sein werden, menschenähnliche Gespräche zu führen und komplexe Aufgaben wie die Erstellung von Texten und Übersetzungen und soziales Medien-Management zu übernehmen. Diese Ergebnisse sind nicht überraschend. Folgendes Ergebnis erhält man, wenn man ChatGPT fragt, welche Berufe in Zukunft, trotz KI, noch erhalten bleiben:

Platz	Beruf	Wahrscheinlichkeit (%)
1	KI-Entwickler	100
2	Datenanalyst	95
3	Gesundheitsdienstleister	90
4	Umweltschützer	85
5	Lehrer	80
6	Forscher	75
7	Kreativberufe	70

8	Beratungsdienstleister	65
9	Sozialarbeiter	60
10	Softwareentwickler	55
11	Finanzberater	50
12	Personalmanager	45
13	Bauarbeiter	40
14	Anwalt	35
15	Handwerker	30
16	Handelsvertreter	25
17	Architekt	20
18	Wissenschaftlicher Übersetzer	15
19	Schriftsteller	10
20	Psychologe	5

Diese Liste basiert darauf, dass bestimmte Berufe auch in Zukunft weiterhin menschliche Fähigkeiten und Kompetenzen erfordern, die KI-Systeme nicht vollständig ersetzen können. Berufe, die menschliche Interaktionen, Kreativität, emotionale Intelligenz oder Entscheidungsfindung erfordern, sind weniger anfällig für die Automatisierung durch KI-Systeme. Es ist jedoch wichtig zu beachten, dass sich die KI-Technologie ständig weiterentwickelt und auch in diesen Berufen möglicherweise in Zukunft Veränderungen und Anpassungen erforderlich sein werden.

ChatGPT stellt demnach fest, dass diese Liste nur eine Momentaufnahme ist und die KI sich immer weiterentwickeln wird. Dies klingt wie ein Drohung.

Automatisierung von Routineaufgaben

In diesem Kapitel werden wir uns damit befassen, wie KI Jobs übernehmen wird und welche technologischen Entwicklungen und Anwendungsszenarien dazu beitragen.

KI-Systeme wie ChatGPT sind in der Lage, eine Vielzahl von Routineaufgaben zu automatisieren und somit menschliche Arbeitskraft in verschiedenen Branchen und Berufsfeldern zu ersetzen, wie am Beispiel meiner beruflichen Tätigkeit eindrucksvoll bewiesen.

Die Automatisierung von Routineaufgaben durch KI hat unzählige Vorteile und meistens sind diese Aufgaben unbeliebt, so dass man ihnen nicht nachtrauern wird.

Einsatz von KI-basierten Entscheidungshilfen

Der Einsatz von Künstlicher Intelligenz (KI) in der Entscheidungsfindung ist ein vielversprechender Ansatz, um den Entscheidungsprozess effizienter und effektiver zu gestalten. KI-basierte Entscheidungshilfen haben das Potenzial, menschliche Fähigkeiten zu erweitern, indem sie komplexe Zusammenhänge erkennen, große Datenmengen analysieren und fundierte Empfehlungen abgeben. Für meine berufliche Tätigkeit habe ich Verträge von der KI analysieren lassen, um meine Entscheidungsfindung zu unterstützen. In diesem Kapitel werde ich weitere Anwendungsbereiche von KI-basierten Entscheidungshilfen untersuchen und passende Beispiele vorstellen.

1. Finanzsektor: KI wird im Finanzsektor bereits eingesetzt, um Finanzanalysten und Banken bei der Bewertung von Risiken, der Identifizierung von Anlagechancen und der Verwaltung von Portfolios zu unterstützen. Beispielsweise kann eine KI wie ChatGPT dazu verwendet werden, Finanznachrichten, Marktdaten und Analystenberichte zu analysieren, um Anlageempfehlungen abzugeben oder mögliche Risiken aufzuzeigen. Dies geschieht bereits in großem Umfang, wird aber in der Öffentlichkeit größtenteils noch nicht wahrgenommen.

2. Personalwesen: Im Personalbereich werden KI-basierte Entscheidungshilfen dazu beitragen, die Mitarbeiterauswahl und -bewertung zu optimieren. ChatGPT könnte beispielsweise verwendet werden, um Lebensläufe und Bewerbungen zu analysieren, um geeignete Kandidaten für offene Stellen zu identifizieren oder um bestehende Mitarbeiter nach Kompetenzen und Leistung zu bewerten. Auch diese Form der Anwendung wird bereits von vielen großen Unternehmen, vor allem in den USA, praktiziert. Die Probleme, die dabei auftauchen, sind offensichtlich. In vielen Fällen wurden Frauen und Migranten bei der Vorauswahl benachteiligt. Diese Schwächen gilt es zu beseitigen.

3. Medizin: Im medizinischen Bereich können KI-Systeme dazu verwendet werden, Diagnosen zu unterstützen und Behandlungspläne zu erstellen. Durch die Analyse von Patientendaten und medizinischer Literatur kann die KI relevante Informationen zusammenstellen und personalisierte

Empfehlungen für die Behandlung von Patienten abgeben. Auch hier ist die Anwendung teilweise bereits umgesetzt. KI Tools werden beispielsweise eingesetzt, um Hautkrebs anhand von Bildern erfolgreich zu identifizieren. Weitere mögliche Anwendungsgebiete folgen zu einem späteren Zeitpunkt in diesem Buch.

4. Logistik und Verkehr: KI-basierte Entscheidungshilfen werden den Transport und die Lieferung von Waren optimieren, indem sie Faktoren wie Verkehr, Wetter und Kapazitätsauslastung berücksichtigen. Amazon ist in diesem Bereich Vorreiter und praktiziert diese Art der Nutzung bereits erfolgreich.

5. Öffentliche Verwaltung und Politik: Im Bereich der öffentlichen Verwaltung und Politik werden KI-basierte Entscheidungshilfen politische Entscheidungen auf der Grundlage von Daten und Fakten ermöglichen.

6. Marketing und Vertrieb: Künstliche Intelligenz hat in diesem Bereich bereits dazu beigetragen, Marketing- und Vertriebsstrategien zu optimieren, indem sie Kundendaten analysiert und personalisierte Empfehlungen für die Kundenansprache und Produktplatzierung erstellt. Kundensegmente und -präferenzen werden identifiziert und gezielte Marketingkampagnen entwickeln, die auf die Bedürfnisse und Interessen der Kunden abgestimmt sind. Diese Nutzung wird im Internet bereits seit Jahren praktiziert. Durch die neuen KI Tools wird es auch hier sicherlich weitere Fortschritte geben.

7.Forschung und Entwicklung: Dies ist sicherlich einer der interessantesten Bereiche. Die Entwicklungssprünge, die wir in Zukunft als Menschheit mit KI Unterstützung machen werden, kann niemand absehen. Forschung und Entwicklung, die KI-basiert ist, kann dazu beitragen, innovative Ideen und Technologien zu identifizieren und zu bewerten. Aufkommende Trends und technologische Entwicklungen, die für die Zukunft von Unternehmen und Branchen relevant sind, können frühzeitig erkannt werden.

Dies ist nur eine kleine Auswahl, die sich weiter verlängern lässt. Durch KI werden die Entscheidungprozesse in einer Vielzahl von weiteren Bereichen revolutioniert. Letztendlich können wir mit KI unsere menschlichen Fähigkeiten erweitern und damit zu besseren und effektiveren Entscheidungen gelangen. Am Ende entscheidet, zumindest bisher, der Mensch. Aber was geschieht, wenn die KI in Zukunft selbst entscheidet? Entscheidet die KI nicht objektiver? Ist demnach die KI der bessere Mensch? So groß die Chancen in diesem Bereich sind, so gefährlich sind die möglichen Entwicklungen.

KI-gesteuerte Kommunikation und Interaktion

In der heutigen, schnelllebigen Welt ist effektive Kommunikation von entscheidender Bedeutung, um den Erfolg in verschiedenen Branchen und Berufen sicherzustellen. Künstliche Intelligenz und KI-gesteuerte Kommunikationssysteme wie ChatGPT bieten beeindruckende Möglichkeiten, die Art und Weise, wie Menschen kommunizieren und interagieren, zu verbessern und zu transformieren. Verschiedene Optionen zur Nutzung habe ich in meinem Beruf aufgezeigt. In diesem Kapitel werde ich nun einige konkrete Beispiele aus unterschiedlichen Berufen untersuchen und Beispiele mit Prompts für ChatGPT geben.

- **Kundensupport:** KI-gesteuerte Chatbots und virtuelle Assistenten wie ChatGPT werden sicherlich den Kundensupport revolutionieren, indem sie Anfragen in Echtzeit beantworten, ohne dass menschliche Mitarbeiter eingreifen müssen. Bisherige Chatbots sind nicht so leistungsfähig gewesen und wurden von den Kunden aus diesem Grund abgelehnt. Nutzer landeten am Ende doch lieber beim menschlichen Kundenberater, auch wenn man dafür stundenlang in der Warteschleife warten musste. Diese Zeiten sind nun vorbei. Neue KI Chatbot - Systeme können komplexe Anfragen analysieren und effiziente Lösungen anbieten, was zu einer verbesserten Kundenzufriedenheit führen wird.

Beispiel-Prompt für ChatGPT:
Benutzer: Mein Internet funktioniert nicht. Was kann ich tun?
ChatGPT: *Bitte versuchen Sie zunächst, Ihren Router für 30 Sekunden vom Stromnetz zu trennen und ihn dann wieder einzuschalten. Warten Sie einige Minuten, bis alle Lichter leuchten, und prüfen Sie, ob das Internet wieder funktioniert. Sollte das Problem weiterhin bestehen, kontaktieren Sie bitte Ihren Internetanbieter.*

Personalwesen: KI-gesteuerte Kommunikationssysteme können, wie bereits dargestellt, den Rekrutierungs- und Einstellungsprozess optimieren, indem sie Bewerberprofile analysieren, geeignete Kandidaten identifizieren und Interviews koordinieren. Sie können auch dazu beitragen, die Mitarbeiterbindung zu verbessern, indem sie personalisierte Schulungen und Karriereentwicklungsmöglichkeiten anbieten.

Beispiel-Prompt für ChatGPT:
Wie kann ich meine Fähigkeiten im Projektmanagement verbessern?

Ergebnis ChatGPT:
Um Ihre Fähigkeiten im Projektmanagement zu verbessern, können Sie zunächst an branchenübergreifenden Zertifizierungsprogrammen wie PMP oder PRINCE2 teilnehmen. Darüber hinaus kann es hilfreich sein, sich regelmäßig mit relevanten Fachzeitschriften und Blogs zu beschäftigen, um auf dem Laufenden zu bleiben. Schließlich sollten Sie nach Möglichkeiten suchen, an internen oder externen Schulungen und Workshops teilzunehmen, um Ihre Kenntnisse und Fähigkeiten zu erweitern.

Medizin: Medizinisches Personal wird bei der Diagnose und Behandlung von Patienten unterstützt, indem die KI auf umfangreiche medizinische Datenbanken zugreift und Ärzten relevante Informationen bereitstellt. KI wird auch dabei helfen,

Patienten über ihren Gesundheitszustand, mögliche Behandlungsoptionen und präventive Maßnahmen aufzuklären. Dafür müssen die Patienten nicht mal mehr vor Ort sein, was mit Sicherheit zu einem größeren Komfort führt.

Beispiel-Prompt für ChatGPT:

Was sind die wichtigsten Risikofaktoren für Typ-2-Diabetes?

Ergebnis ChatGPT:

Typ-2-Diabetes ist eine chronische Stoffwechselerkrankung, die durch Insulinresistenz und eine unzureichende Insulinproduktion gekennzeichnet ist. Es gibt mehrere Risikofaktoren, die die Wahrscheinlichkeit erhöhen, an Typ-2-Diabetes zu erkranken. Die wichtigsten Risikofaktoren sind:

1. *Übergewicht und Fettleibigkeit: Überschüssiges Körperfett, insbesondere um die Taille, erhöht das Risiko für Typ-2-Diabetes erheblich.*
2. *Mangelnde körperliche Aktivität: Regelmäßige körperliche Aktivität hilft, das Körpergewicht zu kontrollieren und die Insulinsensitivität zu verbessern.*
3. *Alter: Das Risiko für Typ-2-Diabetes steigt mit zunehmendem Alter, insbesondere nach 45 Jahren.*
4. *Familiengeschichte: Das Risiko für Typ-2-Diabetes ist höher, wenn nahe Verwandte (Eltern oder Geschwister) an der Krankheit leiden.*

5. *Ethnische Zugehörigkeit: Menschen afrikanischer, asiatischer, lateinamerikanischer und indigener Abstammung haben ein höheres Risiko für Typ-2-Diabetes.*

6. *Gestationsdiabetes: Frauen, die während der Schwangerschaft an Gestationsdiabetes leiden, haben ein erhöhtes Risiko, später Typ-2-Diabetes zu entwickeln.*

7. *Ernährung: Eine Ernährung, die reich an gesättigten Fettsäuren, zuckerhaltigen Getränken und verarbeiteten Lebensmitteln ist, kann das Risiko für Typ-2-Diabetes erhöhen.*

8. *Polyzystisches Ovar-Syndrom (PCOS): Frauen mit PCOS haben ein erhöhtes Risiko, an Typ-2-Diabetes zu erkranken.*

9. *Bluthochdruck: Menschen mit Bluthochdruck haben ein höheres Risiko für Typ-2-Diabetes.*

10. *Abnorme Cholesterin- und Triglyceridwerte: Hohe Triglyceridwerte und niedrige HDL-Cholesterinwerte (das "gute" Cholesterin) sind mit einem erhöhten Risiko für Typ-2-Diabetes verbunden.*

Es ist wichtig, sich bewusst zu sein, dass das Vorhandensein eines oder mehrerer dieser Risikofaktoren nicht zwangsläufig bedeutet, dass eine Person an Typ-2-Diabetes erkranken wird. Durch die Kontrolle und Modifikation einiger dieser Risikofaktoren, wie zum Beispiel durch Gewichtsabnahme, gesunde Ernährung und regelmäßige Bewegung, kann das Risiko für Typ-2-Diabetes reduziert werden.

Das Ergebnis ist sicherlich hilfreich, jedoch ist Punkt 5 bedenklich, der auf ethnische Zugehörigkeit hinweist. Diese Problematik wird in Zukunft abgestellt werden müssen, damit die Vorurteile gegenüber der KI sich nicht an solchen Themen entzünden.

Marketing und Werbung: Marketingspezialisten entwickeln zielgerichtete und personalisierte Werbekampagnen. Durch KI sind sie schneller in der Lage Daten und Trends zu analysieren, um effektivere Strategien für Kundenbindung und -gewinnung zu entwickeln.

Beispiel-Prompt für ChatGPT:
Du bist ein Marketingexperte, berate mich, wie kann ich die Conversion-Rate meiner Online-Anzeigen verbessern?

Ergebnis ChatGPT:
Als Marketingexperte kann ich Ihnen verschiedene Strategien empfehlen, um die Conversion-Rate Ihrer Online-Anzeigen zu verbessern. Hier sind einige wichtige Aspekte, auf die Sie sich konzentrieren sollten:

1. *Zielgruppen-Targeting: Stellen Sie sicher, dass Ihre Anzeigen auf die richtige Zielgruppe ausgerichtet sind. Nutzen Sie demografische, geografische, interessen- und verhaltensbezogene Daten, um Ihre potenziellen Kunden gezielt anzusprechen.*

2. *Anzeigen-Design: Gestalten Sie ansprechende und professionell aussehende Anzeigen, die Aufmerksamkeit*

erregen und zum Klicken einladen. Achten Sie auf die Farbgebung, Typografie, Bilder und das Layout, um Ihre Anzeige hervorstechen zu lassen.

3. Anzeigen-Kopie: Verfassen Sie klare, prägnante und überzeugende Texte für Ihre Anzeigen. Betonen Sie die Vorteile Ihres Produkts oder Ihrer Dienstleistung und nutzen Sie einen überzeugenden Call-to-Action (CTA), um den Nutzer zur gewünschten Aktion aufzufordern.

4. A/B-Testing: Testen Sie verschiedene Versionen Ihrer Anzeigen, um herauszufinden, welche am besten funktionieren. Experimentieren Sie mit verschiedenen Überschriften, Bildern, Texten und CTAs, um die optimale Kombination für Ihre Zielgruppe zu finden.

5. Landing Page-Optimierung: Optimieren Sie die Landing Pages, auf die Ihre Anzeigen verlinken, um die Conversion-Rate zu erhöhen. Stellen Sie sicher, dass sie klar, relevant und benutzerfreundlich sind. Die Landing Page sollte konsistent mit der Anzeige sein und den Nutzer nahtlos zur gewünschten Aktion führen.

6. Mobile Optimierung: Achten Sie darauf, dass Ihre Anzeigen und Landing Pages auf mobilen Geräten gut aussehen und funktionieren. Immer mehr Menschen nutzen das Internet auf ihren Smartphones und Tablets, daher ist es wichtig, dass Ihre Kampagnen für diese Geräte optimiert sind.

7. Analyse und Optimierung: Überwachen Sie die Leistung Ihrer Anzeigen kontinuierlich und passen Sie sie entsprechend an. Nutzen Sie Analysetools, um wichtige Metriken wie Klickrate,

Conversion-Rate, Kosten pro Conversion und Return on Investment (ROI) zu verfolgen. Verwenden Sie diese Daten, um Ihre Kampagnen weiter zu optimieren und die Conversion-Rate zu steigern.

8. *Retargeting: Setzen Sie Retargeting-Kampagnen ein, um Nutzer, die Ihre Website bereits besucht haben, erneut anzusprechen. Retargeting kann dazu beitragen, die Conversion-Rate zu erhöhen, indem es potenzielle Kunden erneut auf Ihr Angebot aufmerksam macht.*

9. *Segmentierung: Teilen Sie Ihre Zielgruppe in verschiedene Segmente auf und erstellen Sie maßgeschneiderte Anzeigen und Landing Pages für jedes Segment. Dies kann dazu beitragen, die Relevanz Ihrer Anzeigen zu erhöhen und die Conversion-Rate zu steigern.*

Indem Sie diese Strategien befolgen und Ihre Kampagnen kontinuierlich optimieren, können Sie die Conversion-Rate Ihrer Online-Anzeigen verbessern und letztendlich den Erfolg Ihres digitalen Marketings steigern.

Journalistik: KI wird den gesamten Medienbereich grundlegend verändern. Journalismus wird sich erneut neu erfinden müssen, wie es bereits einmal der Fall war, als sich das Internet etablierte. Die Folgen waren ein Zeitungssterben in großer Anzahl. Was KI für die ganze Branche bedeutet, ist schwer einzuschätzen, dazu später mehr. Der Prompt ist komplett fiktiv.

Beispiel-Prompt für ChatGPT:

Du bist Journalist, fasse die wichtigsten Punkte der heutigen Pressekonferenz des Bundeskanzlers zusammen und verfasse dazu einen passenden Artikel für eine Tageszeitung.

Ergebnis ChatGPT:

Titel: Bundeskanzler stellt Weichen für die Zukunft: Schwerpunkte der heutigen Pressekonferenz

Einleitung:

Heute hielt der Bundeskanzler eine Pressekonferenz ab, in der er die aktuellen politischen Herausforderungen und die strategischen Schwerpunkte der Regierung für die kommenden Monate präsentierte. Hier ist eine Zusammenfassung der wichtigsten Punkte, die während der Pressekonferenz diskutiert wurden.

1. Wirtschaft und Arbeitsmarkt:

Der Bundeskanzler betonte die Bedeutung einer stabilen und wachsenden Wirtschaft und kündigte Maßnahmen zur Förderung von Innovation, Investitionen und nachhaltigem Wachstum an. Er erwähnte zudem, dass die Schaffung von Arbeitsplätzen und die Bekämpfung der Arbeitslosigkeit zu den Hauptprioritäten der Regierung gehören.

2. Klimaschutz und Energiepolitik:

Angesichts der drängenden Herausforderungen des Klimawandels unterstrich der Bundeskanzler die Notwendigkeit, die nationalen Klimaschutzziele zu erreichen und die Energiepolitik entsprechend auszurichten. Er kündigte Investitionen in erneuerbare Energien und energieeffiziente Technologien an, um den CO_2-Ausstoß zu reduzieren und die Energiewende voranzutreiben.

3. Bildung und Forschung:

Der Bundeskanzler betonte die Bedeutung von Bildung und Forschung als Grundlage für eine erfolgreiche Zukunft. Er kündigte eine Erhöhung der Bildungsausgaben an und betonte die Notwendigkeit, digitale Kompetenzen in den Lehrplänen zu verankern. Zudem sollen die Forschungsförderung und die Zusammenarbeit zwischen Wissenschaft und Wirtschaft intensiviert werden.

4. Sozialpolitik und Gesundheit:

Der Bundeskanzler sprach sich für eine gerechte Sozialpolitik aus, die den Zusammenhalt in der Gesellschaft stärkt und soziale Ungleichheiten abbaut. Er kündigte Maßnahmen zur Stärkung des Gesundheitssystems an, um die Versorgung der Bevölkerung auch in Zeiten von Pandemien und anderen Herausforderungen zu gewährleisten.

5. Sicherheit und Verteidigung:

Der Bundeskanzler betonte die Bedeutung der inneren und äußeren Sicherheit und kündigte eine Erhöhung der Verteidigungsausgaben an. Er unterstrich die Notwendigkeit, die Zusammenarbeit mit internationalen Partnern zu vertiefen und gemeinsam gegen Terrorismus, Cyberangriffe und andere Bedrohungen vorzugehen.

Abschluss:

Die heutige Pressekonferenz des Bundeskanzlers verdeutlichte die Schwerpunkte der Regierung in den kommenden Monaten. Die *angekündigten Maßnahmen sollen dazu beitragen, die Wirtschaft zu stärken, den Klimawandel zu bekämpfen, die Bildung und Forschung zu fördern, soziale Ungleichheiten abzubauen und die Sicherheit der Bürger zu gewährleisten. In den nächsten Wochen und Monaten wird sich zeigen, wie die Regierung ihre ambitionierten Ziele in die Tat umsetzt.*

Im Folgenden werde ich nun konkreter und analysiere, wie KI Tools einzelne Berufe komplett übernehmen könnten.

Künstliche Intelligenz und die Zukunft der Programmierung - eine sichere Sache?

Der Job des Programmierers gilt als absolut sicher. Programmierer werden gesucht und exzellent bezahlt. Aus diesem Gurnde ist es ein besonders interessanter Aspekt, inwieweit KI die Arbeit von Programmierern verändern oder gar übernehmen könnte.
Nehmen wir als Beispiel ChatGPT, eine KI-Technologie, die nicht auf das Programmieren spezialisiert und sehr einfach zu bedienen ist. Es erscheint undenkbar, dass etwas Komplexes wie das Programmieren von solch einer KI übernommen werden kann. Obwohl ChatGPT sicherlich nicht die Komplexität menschlicher Programmierer erreicht, zeigt sich, dass ChatGPT in der Lage ist, grundlegende Programmieraufgaben zu bewältigen.
ChatGPT kann inzwischen einfache Code-Snippets in verschiedenen Programmiersprachen generieren. Beispielsweise beherrscht ChatGPT die Programmiersprache Python und 23 andere Programmiersprachen.

Ebenso kann ChatGPT effizient Code überprüfen und anschließend fehlerfreien Code generieren.

Man könnte beispielsweise einen Code-Ausschnitt eingeben und ChatGPT bitten, mögliche Fehler oder Verbesserungsvorschläge aufzuzeigen. Dadurch können Programmierer eine Menge Zeit sparen und sich auf komplexere Aufgaben konzentrieren.

ChatGPT kann weiterhin dazu verwendet werden, Code-Konzepte und -Funktionen zu erklären und das für jeden verständlich und niedrigschwellig. Wenn man beispielsweise eine Frage zur Funktionsweise einer bestimmten Funktion in Java hat, kann man ChatGPT nach einer Erklärung oder einem Beispiel fragen.

Es ist ebenfalls möglich Ideen für Softwareprojekte gemeinsam mit der KI zu entwickeln. Man kann ChatGPT nach möglichen Anwendungen für eine bestimmte Technologie oder Programmiersprache fragen, die KI würde eine Liste von Vorschlägen generieren, die man gemeinsam mit der KI weiter ausführen und verfeinern kann. Derzeit ist ChatGPT in diesem Bereich noch fehleranfällig, aber für eine kostenlose KI, ist die Leistungsfähigkeit beeindruckend und besonders erstaunlich ist der niedrigschwellige Zugang, der es fast jedem Menschen erlaubt zu Programmieren.

Langfristig werden KI-Systeme immer autonomer werden und auch komplexe Programmieraufgaben übernehmen. Dies verändert die Rolle des Programmierers, der sich dann eher auf die Konzeption und Planung von Projekten konzentrieren könnte, während die KI die eigentliche Programmierarbeit erledigt. Programmierer werden sich an diese neue Entwicklung anpassen müssen, galt dieser

Berufsstand bisher als unantastbar, ist dies eine überraschende Feststellung.

Ein Beispiel soll aufzeigen, wie einfach der Zugang zu der komplexen Thematik des Programmierens durch ChatGPT ist:

PromptChatGPT:
Du bist Programmierer, programmier mir ein Lernspiel zur Thematik Satzzeichen für Kinder, Ziel ist eine einfach Bedienung, nutze eine dir bekannt Programmiersprache!

Ergebnis ChatGPT:
Als KI-Textmodell kann ich Ihnen keinen tatsächlichen Code erstellen, aber ich kann Ihnen helfen, eine Idee für ein Lernspiel zu Satzzeichen für Kinder zu skizzieren. Die Programmiersprache, die ich in diesem Beispiel verwende, ist Python, da sie einfach zu lernen und weit verbreitet ist.

Konzept:

1. *Das Spiel besteht aus mehreren Levels.*
2. *In jedem Level werden die Kinder Sätze sehen, die entweder richtig oder falsch sind.*
3. *Die Kinder müssen die falschen Sätze identifizieren und das fehlende oder falsche Satzzeichen korrigieren.*
4. *Sobald sie alle Sätze in einem Level korrigiert haben, kommen sie zum nächsten Level, das schwieriger ist.*

Hier ist eine einfache Struktur, um Ihnen den Einstieg zu erleichtern:

```python
import random
class Lernspiel:
    def __init__(self):
        self.level = 1
        self.fragen = [
            {
                "frage": "Hallo, wie geht es dir",
                "antwort": "Hallo, wie geht es dir?",
                "satzzeichen": "?"
            },
            {
                "frage": "Ich habe ein Haustier Es ist ein Hund",
                "antwort": "Ich habe ein Haustier. Es ist ein Hund.",
                "satzzeichen": "."
            },
            # Weitere Fragen hinzufügen
        ]
    def spielen(self):
        print("Willkommen zum Satzzeichen-Lernspiel!")
        while self.level <= len(self.fragen):
            self.zeigen_frage(self.level)
            self.level += 1
        print("Glückwunsch! Du hast das Spiel abgeschlossen!")
    def zeigen_frage(self, level):
        frage = self.fragen[level - 1]
        print(f"Level {level}:")
        print(frage["frage"])
```

```
    antwort = input("Korrigiere den Satz und füge das richtige
Satzzeichen ein: ")
    if antwort == frage["antwort"]:
        print("Richtig! Weiter geht's zum nächsten Level.\n")
    else:
        print(f"Falsch. Die richtige Antwort wäre: {frage['antwort']}
Versuch es erneut.\n")
        self.zeigen_frage(level)
if __name__ == "__main__":
    spiel = Lernspiel()
    spiel.spielen()
```

ChatGPT hat meinen Input für einen Start genutzt und ich wäre nun in der Lage mit der KI gemeinsam die Idee weiter auszuführen und ein Lernspiel zu programmieren. Wenn nun jeder so programmieren kann, wird dies zwangsläufig Auswirkungen auf den Beruf des Programmierers haben.

Kundenservice-Mitarbeiter: Die Revolution im Kundendialog

In unserer heutigen, schnelllebigen Welt ist es unerlässlich, dass Unternehmen jederzeit und auf vielfältige Weise für ihre Kunden erreichbar sind. Diese Erwartungshaltung herrscht inzwischen auch bei den meisten Kunden. Menschen können diese Leistung in der Regel nicht erbringen. Ein 24 Stunden Service ist demnach nie möglich, außer man lagert den Service in andere Zeitzonen aus, was selten/ nie der Fall ist. Bisher eingesetzte Chatbots konnten die

Erwartungen nicht erfüllen und waren weitesgehend eine frustrierende Erfahrung. Nun zeichnet sich bereits jetzt ab, dass Künstliche Intelligenz (KI) in diesem Bereich immer stärker Fuß fasst und menschliche Mitarbeiter in den Hintergrund treten, bzw. überflüssig werden.

Die KI-Technologie hat in den letzten Jahren enorme Fortschritte gemacht, insbesondere bei der Entwicklung von Chatbots und virtuellen Assistenten. Mit ChatGPT ist nun ein leistungsstarker Chatbot auf dem Markt, der den Kundenservice problemlos übernehmen wird. Solche KI Systeme können in Echtzeit mit Kunden interagieren, Fragen beantworten und Lösungen für Probleme anbieten, ohne dass ein menschlicher Kundenservice-Mitarbeiter eingreifen muss. Einige der aktuellen Trends und Beispiele in diesem Bereich sind:

- **KI-gestützte Chatbots:** Immer mehr Unternehmen setzen auf automatisierte Chatbots, um den Kundendialog zu verbessern und ihre Support-Kanäle effizienter zu gestalten. Beispiel hierfür ist der virtuelle Assistent von IKEA, der Kunden bei der Suche nach Produkten und der Beantwortung von Fragen hilft, aber vor allem die neuen KI Tools, wie ChatGPT, läuten hier eine neue Ära ein und werden Menschen in diesem Bereich komplett ersetzen.

- **Sprachassistenten:** Sprachassistenten wie Amazons Alexa, Google Assistant oder Apples Siri werden immer leistungsfähiger und können nicht nur Fragen beantworten, sondern auch komplexe Aufgaben wie das Buchen von Terminen oder das Abschließen von Verträgen übernehmen. Unternehmen integrieren diese Assistenten zunehmend in ihre Kundenservice-Strategie, um den Kunden ein nahtloses und intuitives Erlebnis zu bieten. Damit entfällt die Barriere des Schriftverkehrs, man muss nicht mehr schreiben, sondern kann bequem mit der Stimme die KI steuern. Allerdings ist die Leistungsfähigkeit von Sprachassistenten noch nicht überzeugend, was an unterschiedlichen Problemen liegt, u.a. gibt es Probleme bei der Erkennung von Dialekten.

- **Sentiment-Analyse und personalisierter Service:** KI-Systeme können den Ton und die Stimmung von Kundenanfragen analysieren, um ein besseres Verständnis für deren Bedürfnisse und Emotionen zu gewinnen. Dies ermöglicht es Unternehmen, den Service individuell auf den Kunden zuzuschneiden und effektiver auf seine Bedürfnisse einzugehen. Diese Fähigkeit von KI ist beängstigend, da suggeriert wird, dass die KI Menschen besser verstehen kann als der Mensch selbst. Jedoch ist diese Entwicklung für den Nutzer durchaus wünschenswert.

Die Integration von Künstlicher Intelligenz im Kundenservice wird in Zukunft weiter zunehmen und es ist wahrscheinlich, dass immer mehr Unternehmen auf automatisierte Systeme setzen werden und Berufe in diesem Segment komplett verschwinden.

Ein konkretes Beispiel für die Anwendung von ChatGPT im Kundenservice-Bereich wäre die Integration von ChatGPT als virtuellen Kundenberater.

Angenommen, ein Telekommunikationsunternehmen möchte seinen Kunden einen schnellen und effizienten Support bieten, der rund um die Uhr verfügbar ist, könnten sie ChatGPT als Teil ihres

Kundensupport-Teams implementieren, um Kundenanfragen per Chat oder E-Mail automatisch zu beantworten.

Im folgenden fiktiven Szenario, was jedoch täglich stattfindet, könnte ChatGPT wie folgt eingesetzt werden:

Ein Kunde hat Probleme mit seiner Internetverbindung und besucht die Webseite des Telekommunikationsunternehmens, um Hilfe zu erhalten. Hier wird ihm ein Chat-Fenster angeboten, in dem er sein Anliegen schildern kann. ChatGPT, das als virtueller Kundenberater fungiert, begrüßt den Kunden und fragt nach dem Problem.

Kunde: "Hallo, mein Internet funktioniert nicht. Was kann ich tun?"

ChatGPT: „Guten Tag! Es tut mir leid zu hören, dass Sie Probleme mit Ihrer Internetverbindung haben. Lassen Sie uns das gemeinsam lösen. Zunächst einmal, haben Sie bereits versucht, Ihren Router neu zu starten?"

Der Kunde befolgt die Anweisungen von ChatGPT und startet seinen Router neu.

Kunde: „Ja, ich habe den Router neu gestartet, aber es funktioniert immer noch nicht."

ChatGPT: „Vielen Dank für Ihre Geduld. Lassen Sie uns nun überprüfen, ob es in Ihrer Region ein bekanntes Netzwerkproblem gibt. Bitte geben Sie mir Ihre Postleitzahl, damit ich die Informationen abrufen kann."

Der Kunde gibt seine Postleitzahl ein, und ChatGPT prüft die Netzwerkstatusdatenbank des Unternehmens.

ChatGPT: „Ich habe die Informationen überprüft, und es scheint, dass es derzeit ein Netzwerkproblem in Ihrer Region gibt. Unsere Techniker arbeiten bereits an einer Lösung. Wir entschuldigen uns

für die Unannehmlichkeiten und schätzen Ihre Geduld. Die
voraussichtliche Wiederherstellungszeit beträgt etwa 2 Stunden."

In diesem Beispiel konnte ChatGPT dem Kunden schnell und
effizient helfen, indem es die richtigen Fragen stellte, die Datenbank
des Unternehmens überprüfte und dem Kunden relevante
Informationen bereitstellte. Solche Anwendungen können den
Kundensupport entlasten, indem sie einfache und häufig gestellte
Fragen automatisch beantworten, während menschliche Mitarbeiter
sich auf komplexere Fälle konzentrieren können.

Dieses fiktive Szenario stellt technisch für ChatGPT kein Problem
dar und wird sicherlich zeitnah von vielen Unternehmen
implementiert werden. Bereits heute kann ChatGPT eine Beratung
bei diesem Problem anbieten und einen durch den Prozess führen,
ohne eine Verbindung zum Router zu haben. Sobald diese
Verbindung hergestellt werden kann, ist ein menschlicher Berater
im Kundenservice nicht mehr nötig. In diesem Bereich werden
massenhaft Berufe wegfallen. Selbst Videotelefonie wird mit einem
Avatar möglich sein, der ebenfalls von einer KI hergestellt und
gesteuert wird. Der Unterschied zwischen Mensch und Maschine
wird in naher Zukunft digital kaum noch sichtbar sein, da bereits
heute das KI Tool Synthesia beeindruckende Ergebnisse im Bereich
Video erzielt.

Übersetzer - Das Ende naht

In der globalisierten Welt von heute spielte der Übersetzerberuf eine entscheidende Rolle, indem er Menschen und Unternehmen hilft, sprachliche Barrieren zu überwinden. Allerdings gibt es immer mehr KI-gestützte Übersetzungstools, die das Potenzial haben, menschliche Übersetzer zu ersetzen. Die Aussichten für den Beruf sind insgesamt nicht positiv, es ist nur noch eine Frage der Zeit, dann werden Übersetzungen komplett von KI Tools übernommen. KI-Systeme, die den Übersetzerberuf beeinflussen könnten:

1. Google Translate: Eines der bekanntesten Beispiele für KI-gestützte Übersetzungstools ist Google Translate. Mithilfe maschinellen Lernens und neuronaler Netze kann Google Translate Texte in über 100 Sprachen übersetzen. Obwohl die Qualität der Übersetzungen nicht immer perfekt ist, hat sich das Tool im Laufe der Zeit deutlich verbessert und kann bei einfachen Texten durchaus brauchbare Ergebnisse liefern. Es ist kostenfrei und wird bereits massenhaft verwendet.

2. DeepL: DeepL ist ein neues KI-gestütztes Übersetzungstool, das sich insbesondere durch seine hohe Übersetzungsqualität auszeichnet. Dieses neue Übersetzungstool ist deutlich besser als Google Translate und komfortabler in der Bedienung. Man kann ganze Dokumente hochladen und übersetzen lassen. DeepL verwendet neuronale Netze und eine umfangreiche Datenbank an Texten, um kontextbasierte Übersetzungen in mehreren Sprachen anzubieten. In vielen Fällen kann DeepL menschenähnliche Übersetzungen liefern, die den

Bedeutungskontext und sogar kulturelle Nuancen berücksichtigen. DeepL ist derzeit die größte Bedrohung für den Beruf des Übersetzers. In den kommenden Jahren ist zu erwarten, dass KI-gestützte Übersetzungstools weiterhin an Genauigkeit und Geschwindigkeit gewinnen werden. Die Entwicklung von KI-Systemen, die natürlichsprachliches Verständnis und kulturelle Kontextinformationen besser verarbeiten können, als es bisher der Fall ist, wird dazu beitragen, dass maschinelle Übersetzungen immer menschenähnlicher werden. Der Beruf des Übersetzers wird demnach in naher Zukunft durch KI ersetzt werden. Die Entwicklung war absehbar. Durch die Integration in Wearables, wie z. B. Brillen, wird KI sogar in der Lage sein, Gesprochenes in Echtzeit für den Träger der Brille zu übersetzen. Demnach werden auch Simultanübersetzer überflüssig werden.

Anwendungsbeispiele gibt es in großer Anzahl. So könnte beispielsweise ein internationales Unternehmen mit Sitz in Deutschland eine Pressemitteilung in mehreren Sprachen veröffentlichen, um seine globalen Kunden und Partner über die Einführung eines neuen Produkts zu informieren. Anstatt menschliche Übersetzer zu beauftragen, verwendet das Unternehmen ein KI-gestütztes Übersetzungstool wie DeepL, um den Text in die gewünschten Sprachen zu übersetzen. Innerhalb weniger Sekunden erstellt DeepL Übersetzungen von hoher Qualität, die den ursprünglichen Text inhaltlich und stilistisch treffend wiedergeben. Das Unternehmen kann diese

Übersetzungen nutzen, um die Pressemitteilung in verschiedenen Ländern zu veröffentlichen, ohne auf menschliche Übersetzer angewiesen zu sein. Weiterhin könnten Autoren ihre kompletten Bücher mit einem Klick in unzählige Sprachen übersetzen und in verschiedenen Ländern vertreiben.

An diesen Beispielen zeigt sich, wie KI-gestützte Übersetzungstools den Beruf des Übersetzers überflüssig machen werden. Während einfache und standardisierte Texte zunehmend von KI-Systemen übersetzt werden, können menschliche Übersetzer weiterhin eine wichtige Rolle bei der Übersetzung von komplexen, kulturell sensiblen oder fachspezifischen Texten spielen. In diesen Fällen ist das Verständnis von Nuancen, kulturellen Hintergründen und Fachterminologie entscheidend und menschliche Expertise bleibt vorerst unerlässlich. Es ist jedoch nur eine Frage der Zeit, bis die KI auch diesen Bereich übernehmen wird. Der Beruf des Übersetzers hat keine Zukunft mehr.

Das Korrekturlesen von maschinell erstellten Übersetzungen oder die Spezialisierung auf Fachgebiete, in denen KI-Tools noch Schwierigkeiten haben, wie etwa bei literarischen Übersetzungen, Rechtstexten oder medizinischen Fachtexten, sind die einzigen Gebiete des Berufs, die vorerst erhalten bleiben werden.

Die nahe Zukunft des Übersetzerberufs wird also vermutlich eine Kombination aus menschlicher Expertise und KI-Unterstützung sein. Anbei ein Beispiel für die Leistungsfähigkeit von DeepL. Diesen Absatz übersetzte DeepL in Sekunden in die italienische Sprache und laut Muttersprachlern in hervorragender Qualität:

Il futuro della professione di traduttore sarà quindi probabilmente una combinazione di competenze umane e supporto dell'IA. I traduttori umani possono utilizzare le loro competenze per perfezionare le traduzioni assistite dall'IA, beneficiando al contempo della velocità e dell'efficienza dei sistemi di IA. Concentrandosi sui propri punti di forza e imparando a lavorare efficacemente con gli strumenti di IA, i traduttori possono assicurarsi di continuare a dare un contributo importante in un mondo del lavoro guidato dall'IA.

Tradotto con www.DeepL.com/Translator (versione gratuita)

Zusammenfassende lässt sich zweifelsohne feststellten, dass der Beruf des Übersetzers durch KI Tools akut bedroht und zeitnah sich stark verändern wird, um dann vollends zu verschwinden.

Journalisten und Redakteure - Wenn KI den Nachrichtenraum erobert

In einer Zeit, in der die Nachrichtenbranche ständig unter Druck steht, schneller und effizienter zu werden, haben Künstliche Intelligenz (KI) und maschinelles Lernen begonnen, den Beruf des Journalisten und Redakteurs zu beeinflussen. In diesem Kapitel werde ich ein aktuelles Beispiel geben und auf die Möglichkeiten und Herausforderungen hinweisen, die sich aus dem Einsatz von KI im Journalismus ergeben.

Schnellere Nachrichten werden möglich, aber auch voreilige Berichte und im schlimmsten Falle Fake News, wie bereits dargestellt.

Durch den Einsatz von KI im Journalismus können Nachrichten schneller erstellt und veröffentlicht werden. KI-Systeme können große Mengen an Daten analysieren und daraus in kürzester Zeit Artikel generieren. Dies ermöglicht es Nachrichtenorganisationen, ihre Leser schneller zu informieren und wettbewerbsfähiger zu sein. Allerdings birgt diese Geschwindigkeit auch Risiken. KI-generierte Artikel könnten veröffentlicht werden, bevor ein Ereignis tatsächlich stattgefunden hat oder bevor alle relevanten Informationen verfügbar sind. Dies könnte zu voreiligen oder ungenauen Berichten führen und das Vertrauen der Leser in die Nachrichtenquelle untergraben. Da KI - Tools inzwischen allen Menschen zur Verfügung stehen, häufig sogar kostenfrei, kann nun jeder im Stile eines Journalisten Berichte verfassen.

ChatGPT Prompt:

Verfasse im Stile eines Journalisten einen Bericht zur möglichen Verhaftung von Donald Trump in New York

Dieser Prompt ist nicht besonders gut formuliert, da er sehr allgemein ist, aber dafür ist das Ergebnis umso überraschender, was ChatGPT erzelt:

Titel: Mögliche Verhaftung von Donald Trump in New York - Wird die Justiz zuschlagen?

New York, 4. April 2023 - Die Schlagzeilen überschlagen sich, und die Spannung steigt: Es mehren sich die Anzeichen, dass der ehemalige US-Präsident Donald Trump in New York verhaftet

werden könnte. Zahlreiche Verfahren und Untersuchungen stehen im Raum, aber jetzt scheint es, als könnte es ernst werden für den 45. Präsidenten der Vereinigten Staaten.

Seit Monaten untersucht die New Yorker Staatsanwaltschaft Vorwürfe gegen Donald Trump und sein Firmenimperium. Im Fokus stehen dabei unter anderem mögliche Steuerhinterziehung, Bankbetrug und Versicherungsbetrug. Die Liste der Vorwürfe ist lang, und nun verdichten sich die Hinweise, dass die Ermittler in einigen dieser Punkte ausreichend Beweise gesammelt haben, um eine Verhaftung zu rechtfertigen.

Trump und seine Anwälte weisen die Anschuldigungen nach wie vor entschieden zurück. Sie sprechen von einer "Hexenjagd" und politisch motivierten Ermittlungen. Kritiker werfen dem ehemaligen Präsidenten jedoch vor, seine Macht während seiner Amtszeit missbraucht zu haben, um möglichen Strafverfolgungen zu entgehen. Auch die Amtsenthebungsverfahren wegen der Ukraine-Affäre und des Sturms auf das Kapitol konnten ihm letztendlich nichts anhaben.

Ein entscheidender Faktor in dieser Entwicklung ist die Zusammenarbeit von Trumps langjährigem Weggefährten und Finanzchef der Trump-Organisation, Allen Weisselberg, mit den Ermittlern. Weisselberg hat sich in der Vergangenheit mehrfach loyal zu Trump geäußert, doch seine jüngste Zusammenarbeit mit den Behörden könnte ein Wendepunkt in der Aufklärung der Vorwürfe sein.

Sollte es tatsächlich zu einer Verhaftung kommen, hätte dies weitreichende Folgen für die politische Landschaft der USA. Trumps

Unterstützer würden vermutlich von einer weiteren Verschwörung gegen ihren Helden sprechen, während seine Gegner den Schritt als längst überfällig ansehen würden. Eine Verhaftung könnte zudem Auswirkungen auf die politischen Ambitionen Trumps haben, der immer wieder mit einer erneuten Präsidentschaftskandidatur im Jahr 2024 geliebäugelt hat.

Die kommenden Tage und Wochen werden zeigen, ob die Justiz in New York tatsächlich zuschlägt und Trump vor Gericht bringt. Eines ist jedoch sicher: Sollte es zu einer Verhaftung kommen, dürfte dies ein historisches Ereignis und ein weiteres Kapitel im ohnehin schon turbulenten Leben des Donald Trump werden.

Dieser Artikel verdeutlicht, dass mit gewöhnlichen Nachrichten kein Geld mehr zu verdienen ist. KI - Tools können von jedem, aufgrund ihrer Einfachheit, bedient werden und damit wird jeder zum potentiellen Journalisten. Die BILD Zeitung experimentiert bereits mit dieser Thematik und lässt sich von normalen Bürgerinnen und Bürgern Bilder von Ereignissen schicken, auf deren Grundlage dann berichtet wird. Dieses Konzept konsequent weitergedacht könnte dazu führen, dass man Bilder und Texte einsendet, die dann nur auf den jeweiligen Plattformen der Nachrichtendienste eingestellt werden Ein neuer Typus „Journalist" könnte so entstehen.

KI-gestützter Journalismus wird vermutlich in den kommenden Jahren der Standard für Berichterstattung sein. Dies wird dazu führen, dass einfache, datenbasierte Nachrichten wie Finanz- oder Sportberichte komplett von KI-Systemen übernommen werden, während menschliche Journalisten sich auf investigativen Journalismus, Meinungsartikel und komplexe Themen konzentrieren könnten.

Die größten Herausforderungen durch die KI bestehen sicherlich im Erkennen gefälschter Nachrichten, die nun noch schneller und überzeugender von jedem Menschen erstellt werden können, was es für Leser schwieriger macht, wahre Informationen von Falschmeldungen zu unterscheiden. Fake News sind nicht neu, aber durch KI Tools findet eine „Demokratisierung" statt, die dazu führt, dass nun jeder seine eigenen Fake News nach Belieben erstellen und verbreiten kann. Nachrichtenorganisationen und Regulierungsbehörden müssen daher Wege finden, den Einsatz von KI im Journalismus verantwortungsvoll zu gestalten und die Verbreitung von Fake News effektiv zu bekämpfen. Diese Herausforderung wird entscheidend sein für den gesellschaftlichen Zusammenhalt, der schon durch Fake News stark gelitten hat. Kombiniert man die KI Tools ChatGPT für den Text und beispielsweise Midjourney für die Bilder, kann man in wenigen Momenten passende Artikel und Bilder zu jedem Ereignis erstellen, ob dies real oder fake ist, ist schwer erkennbar. Besonders brisant wird es, wenn man, was durchaus schon mit DeepFake möglich ist, noch KI Tools kombiniert, die Videos manipulieren können. In diesem Bereich überwiegen die negativen Aspekte des Einsatzes von KI Tools deutlich. Wie eine Regulierung aussehen könnte, bleibt abzuwarten, da erfahrungsgemäß Gesetze der Entwicklung zeitlich weit hinterherrennen.

Journalisten werden zunehmend KI-Systeme verwenden, um Nachrichten schnell zu erstellen und anschließend ihre Expertise nutzen, um diese Artikel zu überprüfen, zu verbessern und zusätzliche Informationen hinzuzufügen. Der investigative Bereich des Journalismus wird jedoch nicht durch KI - Tools ersetzt werden können. Umso wichtiger ist das Vertrauen der Leserschaft in den Journalismus. Nachrichtenorganisationen müssen noch transparenter sein in Bezug auf den Einsatz von KI und die Zusammenarbeit zwischen menschlichen Journalisten und KI-Systemen. Bisher ist nicht bekannt, ob in diesem Berufsstand KI Tools genutzt werden. Darüber hinaus sollten sie in die Entwicklung von Technologien investieren, die die Verbreitung von Fake News bekämpfen und die Integrität ihrer Berichterstattung gewährleisten. Letztendlich liegt die Verantwortung für ethischen Journalismus weiterhin bei den Journalisten und Redakteuren selbst.

Zusammenfassend lässt sich feststellen, dass KI Tools einen Großteil der Arbeit im Bereich Journalismus ersetzen werden. Bis auf den Bereich investigativen Journalismus werden die Tätigkeitsbereiche für Journalisten knapp. Um den Sachstand zur Leistungsfähigkeit von KI Tools in diesem Bereich weiter zu verdeutlichen, habe ich die KI einen Artikel zur Thematik dieses Buches verfassen lassen.

Diesen Artikel hat ChatGPT in einer Minute selbst verfasst:

Titel: Künstliche Intelligenz: Segen oder Fluch für die Arbeitswelt?
Die rasante Entwicklung der Künstlichen Intelligenz (KI) und ihre
immer stärkere Integration in den Arbeitsalltag haben zu einer

kontroversen Debatte über die Auswirkungen dieser Technologie auf die Arbeitswelt geführt. Während die Befürworter von KI die Effizienzsteigerung und die Schaffung neuer Arbeitsmöglichkeiten betonen, warnen Kritiker vor dem Verlust von Arbeitsplätzen und der Entmenschlichung der Arbeitswelt. In diesem Artikel werden wir die potenziellen Gefahren von KI für die Arbeitswelt untersuchen und versuchen, ein kritisches Urteil zu fällen.

Zunächst ist es wichtig zu betonen, dass KI nicht nur eine Gefahr für Arbeitsplätze in der Industrie oder im Dienstleistungssektor darstellt, sondern auch in vermeintlich sicheren Bereichen wie dem Journalismus, dem Rechtswesen und der Medizin. KI-Systeme wie ChatGPT von OpenAI können beispielsweise einfache Nachrichtenartikel verfassen, während KI-Anwendungen im Rechtswesen Verträge analysieren und medizinische KI-Systeme Diagnosen stellen können.

Eine der größten Sorgen, die mit dem Aufstieg der KI verbunden sind, ist der Verlust von Arbeitsplätzen durch Automatisierung. Laut einer Studie von McKinsey & Company könnten bis 2030 weltweit rund 800 Millionen Arbeitsplätze durch KI und Automatisierung verloren gehen. Diejenigen, die am stärksten betroffen sind, sind Arbeiter in Routineberufen, wie etwa im produzierenden Gewerbe, Kundenservice oder in der Verwaltung.

Es besteht die Befürchtung, dass durch den Verlust von Arbeitsplätzen eine wachsende Kluft zwischen denjenigen entsteht, die von KI profitieren, und denjenigen, die von der Automatisierung ihrer Arbeit betroffen sind. Dies könnte zu sozialer Ungleichheit,

Arbeitslosigkeit und einer weiteren Polarisierung der Gesellschaft führen.

Darüber hinaus kann die Entmenschlichung der Arbeitswelt durch den Einsatz von KI-Systemen zu einer Abnahme von menschlicher Interaktion, Empathie und sozialen Fähigkeiten führen. In Berufen, in denen menschliche Interaktion und Fürsorge traditionell eine zentrale Rolle spielen, wie etwa in der Pflege oder im Bildungsbereich, könnte dies zu einer Verschlechterung der Qualität der Dienstleistungen führen.

Ein weiterer Aspekt, der in der Debatte um KI und die Arbeitswelt oft vernachlässigt wird, ist die Frage der Datensicherheit und des Datenschutzes. KI-Systeme basieren auf der Analyse großer Mengen von Daten und stellen damit auch ein potentielles Risiko für die Privatsphäre der Arbeitnehmer und Kunden dar. Unternehmen und Regulierungsbehörden müssen daher Wege finden, um den Datenschutz in einer von KI geprägten Arbeitswelt zu gewährleisten.

Trotz dieser Gefahren bietet Künstliche Intelligenz auch Chancen für die Arbeitswelt. Durch die Automatisierung von Routineaufgaben können Arbeitnehmer ihre Zeit und Energie auf kreativere, strategische und wertschöpfende Aufgaben konzentrieren. KI kann dazu beitragen, Arbeitsplätze sicherer zu gestalten, indem sie gefährliche oder ermüdende Tätigkeiten übernimmt. Zudem kann sie dazu beitragen, neue Arbeitsplätze und Wirtschaftszweige zu schaffen, indem sie innovative Technologien und Anwendungen ermöglicht.

Um ein kritisches Urteil über die Gefahren von KI für die Arbeitswelt zu fällen, müssen wir sowohl die Risiken als auch die Chancen, die diese Technologie mit sich bringt, berücksichtigen. Es ist unbestreitbar, dass KI und Automatisierung Arbeitsplätze bedrohen und zu sozialen Verwerfungen führen können, wenn sie unkontrolliert eingesetzt werden.

Um diesen Herausforderungen zu begegnen, sind sowohl Unternehmen als auch Regierungen gefordert, Strategien zu entwickeln, um die negativen Auswirkungen der KI auf die Arbeitswelt abzumildern. Dazu gehört die Förderung von Umschulungs- und Weiterbildungsprogrammen, um Arbeitnehmer auf die Anforderungen einer von KI geprägten Arbeitswelt vorzubereiten, sowie die Schaffung von sozialen Sicherheitsnetzen für diejenigen, die von Arbeitsplatzverlusten betroffen sind.

Darüber hinaus sollte die Einführung von KI in der Arbeitswelt von ethischen Richtlinien und Regulierungen begleitet werden, um sicherzustellen, dass der Datenschutz gewahrt bleibt und menschliche Werte und Interaktionen in den Vordergrund gestellt werden. Eine enge Zusammenarbeit zwischen Politik, Wirtschaft und Bildungseinrichtungen ist hierbei unerlässlich, um einen fairen und nachhaltigen Umgang mit KI in der Arbeitswelt zu gewährleisten.

Abschließend lässt sich sagen, dass Künstliche Intelligenz sowohl Segen als auch Fluch für die Arbeitswelt sein kann. Obwohl sie zweifellos das Potenzial hat, Arbeitsplätze zu gefährden und die Arbeitswelt zu entmenschlichen, bietet sie auch Chancen für Innovation, Wachstum und eine verbesserte Lebensqualität. Die zentrale Herausforderung besteht darin, die Vorteile der KI zu nutzen, während wir gleichzeitig die Risiken angehen und sicherstellen, dass niemand auf der Strecke bleibt.

Dieser Artikel geht weit über das Verfassen einer Nachricht hinaus und nimmt sogar eine Wertung vor. Diese Entwicklung ist sicherlich beängstigend und es ist zwingend notwendig in Gegenmaßnahmen gegen Fake News zu intensivieren, um dieser Entwicklung zuvorzukommen.

Bankangestellte – das schleichende Ende

Der Bankensektor wurde als einer der ersten Bereiche der Berufswelt digitalisiert. Das Filialiensterben ist eine direkte Folge davon und der normale Bürger vollzieht seine Finanzgeschäfte inzwischen überwiegend online. Das traditionelle Bankgeschäft ist auf dem Rückzug, da es digital effizienter und kundenfreundlicher umgesetzt werden konnte. Die letzten Mitarbeiter einer Bank werden zeitnah sicherlich ebenfalls durch KI ersetzt werden.
Ein Beispiel dafür, wie ChatGPT im Bankwesen eingesetzt werden kann, ist beispielsweise die automatische Beantwortung von Kundenanfragen. Statt eines menschlichen Bankangestellten würde ein KI-gestützter Chatbot wie ChatGPT Kundenanfragen entgegennehmen und beantworten. Beispielsweise könnte ein Kunde den Chatbot fragen:
"Wie hoch ist mein Kontostand?" oder
"Wie viel Zinsen erhalte ich auf meinem Sparkonto?".

ChatGPT oder eine andere KI würden die Anfrage analysieren, die notwendigen Informationen aus den Datenbanken der Bank abrufen und dem Kunden eine präzise Antwort liefern.

Neben ChatGPT gibt es weitere KI-Tools, die im Bankensektor Anwendung finden. Zum Beispiel kann Robo-Advisory eingesetzt werden, um Anlageberatung und Portfolioverwaltung zu automatisieren. KI-gestützte Robo-Advisor analysieren die finanziellen Ziele und Risikotoleranz der Kunden und erstellen auf dieser Basis individuelle Anlageempfehlungen. Dies ist teilweise bereits Realität und wird sich weiter ausbreiten.

Ein weiteres Beispiel für die Anwendung von KI im Bereich der Banken ist die Kreditvergabe. Hierbei kann Künstliche Intelligenz genutzt werden, um automatisiert Bonitätsprüfungen durchzuführen und Kreditentscheidungen zu treffen. KI-Systeme analysieren eine Vielzahl von Daten, um das Kreditrisiko eines potenziellen Kreditnehmers einzuschätzen und somit die Entscheidungsfindung der Bank zu unterstützen.

Die Bedenken hinsichtlich des Verlusts von Arbeitsplätzen und der Entmenschlichung von Bankdienstleistungen haben sich fast alle bewahrheitet. Der Bankensektor wird von digitalen Tools beherrscht. Menschliche Bankangestellte sind fast überflüssig geworden, ich kann mich nicht mehr daran erinnern, wann ich das letzte Mal eine Bank betreten habe. Seitdem es Online Banking gibt, war dies nicht mehr notwendig. Selbst Kredite, Aktien und andere Finanzdienstleistungen kann man mit wenigen Klicks heute problemlos online erledigen. Die Zukunft des Bankwesens wird wahrscheinlich von einer noch stärkeren Integration der KI-Systeme wie ChatGPT und anderen Technologien geprägt sein, die selbst das „Menschliche" in der Kommunikation übernehmen können. Um sich auf diese Veränderungen vorzubereiten, sollten Bankangestellte ihre Fähigkeiten in den Bereichen Datenanalyse, künstliche Intelligenz und digitale Kommunikation ausbauen. Solange Menschen notwendig sind, um die KI Tools zu bedienen, wird es auch Berufe in diesem Bereich geben. Allerdings wird die Anzahl der Beschäftigten immer weiter zurückgehen. KI-Systeme wie ChatGPT können auch dazu beitragen, den Zugang zu Finanzdienstleistungen für eine breitere Bevölkerungsschicht zu erleichtern, indem sie Bankdienstleistungen kostengünstiger, zugänglicher und benutzerfreundlicher machen. Dies könnte insbesondere in Schwellen- und Entwicklungsländern von Vorteil sein, wo der Zugang zu traditionellen Bankdienstleistungen oft eingeschränkt ist. Diese Entwicklung wird sich immer weiter beschleunigen, der Beruf des klassischen Bankers ist oder wird zeitnah verschwinden. Testen wir also den Chatbot ChatGPT mit einer klassischen Kundenanfrage. Wir möchten 10.000 EUR anlegen, möglichst gewinnbringend, ohne großes Risiko. Folgende Antwort erhielt ich:

ChatGPT Ergebnis:

Sehr geehrte/r Kunde/in,
es freut mich, dass Sie sich für eine Geldanlage interessieren und
ich stehe Ihnen gerne für eine Beratung zur Verfügung. Ich

verstehe, dass Sie einen maximalen Gewinn erzielen möchten, während Sie gleichzeitig das Risiko minimieren möchten. Bei der Anlage von 10.000 EUR gibt es mehrere Optionen, die wir in Betracht ziehen können.

1. Tagesgeldkonto:

Ein Tagesgeldkonto ist eine sehr sichere und flexible Anlageoption, die es Ihnen ermöglicht, jederzeit auf Ihr Geld zuzugreifen. Allerdings sind die Zinssätze für Tagesgeldkonten in der Regel sehr niedrig und bieten daher nur eine geringe Rendite.

2. Festgeldkonto:

Ein Festgeldkonto ist eine weitere sichere Anlageoption, bei der Ihr Geld für einen festen Zeitraum angelegt wird und einen festen Zinssatz erhält. Die Rendite ist in der Regel höher als bei einem Tagesgeldkonto, jedoch ist der Zugriff auf das Geld während der Laufzeit eingeschränkt.

3. Anleihen:

Anleihen, insbesondere Staatsanleihen oder Unternehmensanleihen mit guter Bonität, bieten eine höhere Rendite als Tages- und Festgeldkonten, jedoch mit einem höheren Risiko. Die Rendite hängt von der Bonität des Emittenten und der Laufzeit der Anleihe ab. Anleihen können über die gesamte Laufzeit gehalten oder vorzeitig an der Börse verkauft werden.

4. Diversifizierte Investmentfonds oder ETFs:

Eine weitere Option besteht darin, Ihr Geld in einen diversifizierten Investmentfonds oder einen börsengehandelten Fonds (ETF) zu investieren. Diese Fonds investieren in eine Vielzahl von Anlageklassen, wie Aktien, Anleihen, Immobilien und Rohstoffe, und verteilen so das Risiko. Sie können passive oder aktive Fonds wählen, je nachdem, ob Sie eine kostengünstige Anlagestrategie bevorzugen oder von der Expertise eines Fondsmanagers profitieren möchten.

Es ist wichtig zu beachten, dass höhere Renditen in der Regel mit einem höheren Risiko einhergehen. Daher ist es ratsam, Ihr Anlageportfolio sorgfältig zu diversifizieren und eine ausgewogene Mischung aus verschiedenen Anlageklassen und -strategien zu wählen, die Ihren Anlagezielen und Ihrer Risikotoleranz entsprechen.

Um die für Sie am besten geeignete Anlagestrategie zu ermitteln, empfehle ich ein persönliches Beratungsgespräch, bei dem wir Ihre finanziellen Ziele, Ihre Risikobereitschaft und Ihre Anlagepräferenzen besprechen können. So können wir gemeinsam eine individuelle Lösung entwickeln, die Ihren Bedürfnissen und Erwartungen entspricht.

Bitte zögern Sie nicht, mich zu kontaktieren, um einen Beratungstermin zu vereinbaren. Ich freue mich darauf, Ihnen bei der sinnvollen Anlage Ihrer 10.000 EUR behilflich zu sein.

Mit freundlichen Grüßen,

Ihr Bankkaufmann

Ich wette, dass das Ergebnis einer Beratung in einer Filiale einer Bank nicht besser wäre. Der Beruf des klassisches Bankers war vielleicht vor ChatGPT bereits tot, aber durch die Nutzung von niedrigschwelliger KI kann nun jedermann eine individuelle

Beratung erhalten, ohne Termine, ohne Hintergedanken oder Provision.

Lkw-Fahrer und Lieferanten – der Autopilot steht vor der Tür

Die Transport- und Logistikbranche steht vor einer Revolution, angetrieben von schnellen Fortschritten in der künstlichen Intelligenz (KI) und Automatisierung. Eine der größten Veränderungen betrifft die Lkw-Fahrer und die Lieferbranche. In diesem Kapitel erkläre ich, wie künstliche Intelligenz Jobs in dieser Branche übernimmt und warum sie Menschen in einigen Fällen sogar übertreffen kann.

Ein vielversprechendes Beispiel für die Anwendung künstlicher Intelligenz in der Transportbranche sind selbstfahrende Autos, insbesondere selbstfahrende Lastwagen. Diese Fahrzeuge verwenden Systeme der künstlichen Intelligenz, um ihre Umgebung zu analysieren, Entscheidungen zu treffen und sicher durch den Verkehr zu navigieren. So können LKW-Fahrer durch KI ersetzt werden und Fahrzeuge eigenständig Waren von A nach B liefern. Dies alles ist bereits möglich, aber fehlender Mut der politischen Entscheidungsträger und die Ängste der Menschen vor Transportmitteln ohne menschliche Kontrolle, verhindern derzeit noch einen flächendeckenden Ansatz, obwohl dies bereits heute ohne größere Probleme möglich wäre. Die KI ist dem Menschen in vielen Bereichen bereits überlegen:

- Sicherheit: KI-Systeme können rund um die Uhr ohne Ermüdung arbeiten, während menschliche Fahrer Pausen und Ruhezeiten einhalten müssen. Da viele Unfälle auf menschliches Versagen und Übermüdung zurückzuführen sind, könnten selbstfahrende LkWs und Autos potenziell die Sicherheit im Straßenverkehr erhöhen. Dieser Aspekt müsste in der Öffentlichkeit viel stärker vermittelt werden, um Ängste abzubauen. Die Angst ist völlig irrational und wird immer weiter geschürt durch Medien, die sofort berichten, wenn in Testphasen ein autonomes Fahrzeug einen Unfall hat. Verglichen mit der Unfallstatistik von Menschen ist dies absurd, aber die derzeitige Realität. Warum es immer noch Menschen in den Cockpits von U- Bahnen und Zügen gibt, kann mir heute niemand mehr vernünftig erklären.

- Effizienz: Nachhaltigkeit ist das Thema unserer Zeit, dieser Aspekt wird beim autonomen Fahren meistens ausgeblendet. Menschen fahren nicht optimal, für Fahrzeuge, die durch KI gesteuert werden, ist dies kein Problem. Besonders autonom fahrende LKWs können dank KI optimierte Routen und Fahrweisen wählen, um Kraftstoffverbrauch und Emissionen zu reduzieren. Zudem könnten sie enger mit Logistiksystemen zusammenarbeiten, um Just-in-Time-Lieferungen und andere effiziente Transportmethoden zu ermöglichen. Eigentlich müsste aus dieser Perspektive heraus das autonome Fahren viel stärker gefördert werden, leider kommt dieser Aspekt in der öffentlichen Debatte viel zu kurz.
- Kosteneinsparungen: Dieses Argument ist denkbar unbeliebt. Menschen durch Maschinen zu ersetzen, war noch nie ein

Gewinnerthema in der öffentlichen Debatte. Ein Blick in die Geschichte verrät, dass dies bei jeder technischen Innovation so war und sich am Ende diese Entwicklung nie aufhalten ließ. Alte Jobs verschwinden, neue Jobs werden durch die Technik erschaffen. Der wirtschaftliche Aspekt ist dabei leicht zu erkennen, beispielsweise könnten Unternehmen durch den Einsatz von KI-gestützten LKWs Arbeits- und Betriebskosten senken, da keine Fahrer mehr eingestellt und geschult werden müssen. Für die Allgemeinheit könnte dies zu Preissenkungen vieler Produkte führen.

Dieser Bereich wird bisher von übertriebenen Sicherheitsstandards, Datenschutz und sozialer Gerechtigkeit ausgebremst. Der Beruf des LkW-Fahrers wird heute künstlich am Leben gehalten. Wegen Fachkräftemangels werden Arbeitskräfte aus dem Ausland angeworben, um diesen Beruf auszuüben. Diese Entwicklung ist bedenklich, da in absehbarer Zeit diese Arbeitskraft in dieser Stelle nicht mehr benötigt wird. Die Möglichkeiten zur Verbesserung von Sicherheit, Effizienz und Nachhaltigkeit sind unbestritten. Um das volle Potenzial dieser Technologien auszuschöpfen und die Herausforderungen zu bewältigen, müssen alle beteiligten Akteure nun zügig handeln und die Rahmenbedingungen für einen flächendeckenden Einsatz in Europa schaffen.
Der Einsatz von KI in der Transport- und Logistikbranche ist jedoch nicht auf selbstfahrende LKWs beschränkt, sondern auch im Bereich der Lieferdienste können KI-gestützte Lösungen Anwendung finden. Beispielsweise können Drohnen und autonome

Lieferroboter dazu beitragen, Pakete und Waren schnell und effizient zuzustellen. Verschiedene Projekte sind dazu in anderen Ländern bereits gelaufen, allerdings war die Durchführung bisher zu aufwendig. Es ist aber nur eine Frage der Zeit, bis Lieferungen ausschließlich von Robotern durchgeführt werden.

Kostensenkungen und ein 24 Stunden - Service werden dadurch ermöglicht und der Komfort für den Kunden wird ansteigen.

Produktionsmitarbeiter in der Fertigung – Der Roboter übernimmt

In der modernen Produktion sind Künstliche Intelligenz (KI) und Robotik bereits allgegenwärtig, und ihre Bedeutung nimmt weiterhin zu. Jeder Beruf in dieser Branche ist bereits überflüssig und wird zeitnah verschwinden. Produktionsfabriken können problemlos ohne menschliche Arbeitskraft auskommen, da die Fertigung komplett in die Hand der Maschinen gelegt werden kann. Der Einsatz von KI und Robotik in der Fertigung hat zahlreiche Vorteile, die auf der Hand liegen, darunter:

- **Automatisierung:** KI-gesteuerte Roboter können eine Vielzahl von Aufgaben übernehmen, die bisher von Produktionsmitarbeitern ausgeführt wurden. Dazu gehören Montage, Schweißen, Lackieren und Qualitätskontrolle. Durch die Automatisierung dieser Tätigkeiten können Unternehmen ihre Produktivität steigern und Kosten senken.
- **Präzision und Qualität:** Roboter können präziser und konsistenter arbeiten als Menschen was zu einer höheren

Produktqualität führt. KI-Systeme ermöglichen es, Fertigungsprozesse kontinuierlich zu überwachen und anzupassen, um Fehler und Ausschuss zu minimieren.

•**Flexibilität:** KI-gesteuerte Roboter können schnell und einfach auf neue Aufgaben umgeschult werden, indem ihre Software aktualisiert wird. Dies ermöglicht es Unternehmen, ihre Fertigungslinien schneller umzurüsten und auf veränderte Marktbedingungen zu reagieren.

•**Arbeitssicherheit:** Durch den Einsatz von Robotern für gefährliche oder körperlich anstrengende Tätigkeiten können Arbeitsunfälle reduziert und die Gesundheit der Mitarbeiterschaft geschützt werden.

Die größte Herausforderung wird sicherlich sein, den sozialen Frieden zu wahren, da in Deutschland immer noch viele Menschen in diesem Bereich arbeiten. Es wird eine Übergangszeit geben, in der KI Roboter und Menschen noch gemeinsam tätig sein werden, aber auch dies wird nicht von Dauer sein. Die Überlegenheit von KI Robotern in der Produktion und Fertigung sind zu offensichtlich. In naher Zukunft werden wir über Maßnahmen wie ein bedingungsloses Grundeinkommen und Arbeitszeitverkürzungen (4 Tage Woche wird schon in einigen Pilotprojekten ausprobiert) diskutieren müssen. KI und Robotik werden Menschen in naher Zukunft immer stärker unterstützen und befähigen, anstatt sie komplett zu ersetzen, aber konsequent zuende gedacht, wird Arbeit zukünftig nicht mehr von Menschen erledigt werden müssen, die nicht für sie erfüllend ist.

Menschen werden keine Rolle mehr in der Fertigungsindustrie spielen, bereits heute ist dies klar absehbar.

Rechtsanwälte und Notare – Gleiches Recht für alle

In zahlreichen Workshops habe ich die Teilnehmer befragt, welche Berufe ihrer Meinung nach trotz KI eine wichtige Rolle spielen werden und nicht ersetzt werden können. Die häufigsten Antworten waren: Ärzte und Juristen. Diese beiden Berufe besitzen ein hohes Ansehen, aber schauen wir uns den Beruf des Juristen genauer an. Dieser Berufsstand hat immer weiter an Bedeutung gewonnen und ist nicht mehr wegzudenken, aber Künstliche Intelligenz (KI) hat das Potenzial, viele Aspekte der juristischen Arbeit zu verändern und zu ersetzen. Für viele mag diese Erkenntnis unerwartet und neu sein, aber durch simple Beispiele wird dies schnell deutlich werden. Heute schon ermöglichen KI-Anwendungen, wie ChatGPT, einfache juristische Fragestellungen effizient zu beantworten. Diese Systeme können große Mengen an juristischen Texten analysieren und verstehen, sodass sie in der Lage sind, relevante Informationen zu finden und passende Antworten zu formulieren. Beispielsweise kann ChatGPT dazu verwendet werden, Nutzern dabei zu helfen, ihre Rechte in bestimmten Situationen zu verstehen oder ihnen bei der Erstellung von rechtlichen Dokumenten, wie Verträgen oder Testamenten, zu unterstützen. Anfangs wehrt sich die KI teilweise juristische Fragen zu beantworten. Aber mit gezielten Nachfragen (die KI nicht als Jurist ansprechen, sondern um Tipps und

Empfehlungen bitten auf der passenden gesetzlichen Grundlage)
erhält man die passenden Ergebnisse.

In der Zukunft können KI-Systeme weiterentwickelt werden, um
komplexere juristische Aufgaben zu bewältigen. Dazu könnten
beispielsweise gehören:

- **Fallanalyse und Strategieentwicklung:** KI-Systeme sind und
  werden zukünftig noch besser in der Lage sein, ähnliche Fälle
  und Präzedenzfälle zu analysieren, um Anwälten und Anwältinnen
  bei der Entwicklung von Strategien für ihre Mandanten zu helfen.
  Dies könnte den Zeitaufwand für die Recherche reduzieren und
  zu einer höheren Erfolgsquote bei Gerichtsverfahren führen.
  Langfristig wird jeder Mandant die KI für sich selbst nutzen
  können und die KI übernimmt den beratenden Teil.

- **Dokumentenprüfung und Vertragsanalyse:** KI-Systeme
  könnten genutzt werden, um umfangreiche Dokumente wie
  Verträge, Gesetzesentwürfe oder Gerichtsdokumente schnell und
  präzise zu analysieren. Dabei werden Muster in der
  Rechtsprechung ermittelt. Diese Daten basieren auf Texten, die
  aus zahlreichen Quellen gefiltert werden und genau an dieser
  Stelle hat die KI ihre Stärken. Bereits 2018 wurde ein Experiment
  zu dieser Thematik durchgeführt. Man ließ eine KI mit
  Maschinenlernalgorithmus gegen 20 Juristen antreten. Aufgabe
  war es, fünf Verschwiegenheitserklärungen (NDA, Non-
  Disclosure Agreement) mit 153 Paragrafen und 3213 Klauseln auf
  potenzielle Risiken, wie Schlupflöcher, zu überprüfen. Das
  Ergebnis war deutlich. Die menschlichen Juristen brauchten
  durchschnittlich 92 Minuten für die Analyse, die Künstliche

Intelligenz nur 26 Sekunden. Dieses Ergebnis war weniger überraschend, aber dass die Genauigkeit der Juristen im Schnitt bei "nur" 85 Prozent lag und die KI 95 Prozent erreichte, war bereits damals eine Sensation.

- **Automatisierung von Routineaufgaben:** KI-Systeme werden zukünftig für die Erstellung von Schriftsätzen und die Eintragung von Urkunden genutzt werden, da sie meistens standardisiert sind. Dies würde zunächst den Arbeitsaufwand für Rechtsanwälte und Notare reduzieren und letztendlich diese Tätigkeit komplett der KI überlassen.

- **Rechtsberatung für breitere Bevölkerungsgruppen:** Mit KI-gestützter Rechtsberatung wird die Thematik breiteren Schichten der Bevölkerung zugänglich, da eine niedrigschwellige Rechtsberatung mit einer KI realisiert werden kann. ChatGPT kann beispielsweise allgemeine Rechtsfragen im Dialog erläutern und Schriftstücke verfassen, obwohl die KI mehrfach betont, dass Anwälte aufgesucht werden sollen. Es ist nur eine Frage der Zeit, bis eine KI für Rechtsfragen einer breiten Öffentlichkeit zugänglich gemacht wird. Viele Menschen trauen sich nicht zum Anwalt zu gehen, weil die Kosten nicht abschätzbar sind und die Angelegenheiten oftmals für nicht so wichtig erachtet werden, genau an diesem Punkt kann eine KI erste Orientierung geben und auch mehrsprachig und/ oder in leichter Sprache Rechtsorientierung geben. Damit würde unser Rechtssystem gerechter und zugänglicher werden, was ein enormer gesellschaftlicher Fortschritt wäre.

- KI Technologien ermöglichen es, **Gerichtsurteile zu antizipieren** und dies auch noch in Sekundenschnelle. Risiken werden eingeschätzt und der wahrscheinlichste Ausgang eines Gerichtsverfahrens auf der Grundlage einer umfangreichen Datenhistorie vorhergesagt. Diesen Vorgang bezeichnet man als prädiktive Justiz, er ist also eine Entscheidungshilfe, mit der Anwälte und Juristen Zeit sparen und ihre Rechtsstrategien optimieren können. Die Kostenersparnis und das Vermeiden langfristiger Rechtsstreitigkeiten vor Gericht wären die positiven Folgen.

Die Berufsgruppe der Juristen hat in Deutschland einen besonderen Status und weiß diesen zu verteidigen. Selbst Kanzleien, die der Thematik positiv gegenüberstehen und damit werben KI einzusetzen, versehen ihre Werbeanzeigen mit dem Hinweis:

Spätestens seit ChatGPT ist klar, dass Künstliche Intelligenz ein wichtiges Werkzeug für Kanzleien sein kann. Es geht beim Einsatz von KI nicht darum, Anwältinnen und Anwälte komplett zu ersetzen – das ist schlicht nicht möglich. Aber sinnvoll eingesetzt hat KI das Potenzial, die Arbeit in Kanzleien zu erleichtern.

Quelle: https://www.ki-in-kanzleien.de/?mtm_campaign=Bannerschaltung_Website_in_Blogbeiträgen&mtm_source=legal-tech.de

Die Einschätzung, dass es KI nicht möglich ist Anwältinnen und Anwälte nicht komplett ersetzen können, mag zum jetzigen Zeitpunkt noch zutreffend zu sein, allerdings kommt dies auch immer auf die Aufgabe an, die die KI in diesem Bereich lösen soll. Die KI wird sich immer weiterentwickeln und stetig verbessern, ob dies auf menschliche Juristen zutrifft, erscheint zweifelhaft. Allerdings erfordert die juristische Arbeit oftmals ein tiefes Verständnis von gesellschaftlichen Normen, ethischen Prinzipien und menschlichen Emotionen – Bereiche, in denen KI-Systeme noch immer Schwierigkeiten haben. Die Weiterbildung von Juristen im Bereich der KI, um ihre Fähigkeiten erweitern, um diese Technologien effektiv in ihrer Arbeit einzusetzen, ist der erste Schritt der Entwicklung.

- **Zusammenarbeit mit Technologieexperten:** Juristen werden enger mit Informatikern und KI-Experten zusammenarbeiten, um die Entwicklung von KI-Systemen zu beeinflussen und sicherzustellen, dass sie den Bedürfnissen der juristischen Praxis gerecht werden. Am Beispiel mit dem entsprechenden Link kann man erkennen, dass es Kanzleien gibt, die sich bereits mit der Thematik beschäftigen.

- **Ethik und Regulierung:** Rechtsanwälte und Notare müssen sich aktiv an der Gestaltung von ethischen und rechtlichen Rahmenbedingungen für den Einsatz von KI in der juristischen Arbeit beteiligen, um sicherzustellen, dass diese Technologien verantwortungsbewusst und im Einklang mit gesellschaftlichen Werten eingesetzt werden.

- **Schaffung neuer Geschäftsmodelle:** Der Robo - Jurist wird kommen, das ist sicher. Am Ende wird es eine App geben, die es allen ermöglicht, niedrigschwellig rechtliche Angelegenheit zu klären. Juristische Dienstleister werden innovative

Geschäftsmodelle entwickeln, die die Vorteile von KI nutzen und gleichzeitig den Wert menschlicher Expertise und Urteilsfähigkeit betonen.

Um zu verdeutlichen, dass bereits jetzt juristische Fragen durch KI beantwortet werden können, habe ich folgendes Beispiel erstellt, indem ich um juristische Beratung für die Gründung eines Online Shops bitten.

Ergebnis ChatGPT:

Sehr geehrte Frau Müller,

ich vertrete die Interessen der Firma XYZ GmbH und habe Ihre Anfrage bezüglich der rechtlichen Anforderungen für den Betrieb eines Online-Shops erhalten. Gerne möchte ich Ihnen diesbezüglich einige Informationen zur Verfügung stellen.

Für den Betrieb eines Online-Shops müssen verschiedene gesetzliche Vorschriften beachtet werden. Insbesondere sind die Bestimmungen des Bürgerlichen Gesetzbuchs (BGB), des Handelsgesetzbuchs (HGB) sowie des Telemediengesetzes (TMG) zu berücksichtigen.

Gemäß § 312g BGB sind Online-Händler verpflichtet, die Verbraucher über ihr Widerrufsrecht zu informieren. Hierbei sind bestimmte Formvorschriften einzuhalten, insbesondere müssen die Informationen in klarer und verständlicher Weise dargestellt werden.

Des Weiteren müssen Online-Händler die Datenschutzbestimmungen des TMG einhalten. Hierbei sind insbesondere die Vorschriften zum Schutz personenbezogener

Daten zu beachten. Auch die Impressumspflicht gemäß § 5 TMG ist zu beachten.

Schließlich sind auch die handelsrechtlichen Bestimmungen des HGB zu beachten. Hierbei sind insbesondere die Vorschriften zur Buchführung und zur Aufbewahrung von Geschäftsunterlagen zu beachten.

Ich hoffe, ich konnte Ihnen mit diesen Informationen weiterhelfen. Sollten Sie weitere Fragen haben, stehe ich Ihnen gerne zur Verfügung.

Mit freundlichen Grüßen

[Name des Anwalts]

Dies ist aber nur der Anfang und als Antwort relativ allgemein gehalten. Mit folgendem Prompt bei ChatGPT wird folgendes, beeindruckendes Ergebnis erzielt:

Prompt für ChatGPT:
Du bist ein Rechtsexperte und hast 20 Jahre Erfahrung in der Gründung von Unternehmen, verfasse einen Leitfaden für die Gründung eines Online Shops, setze den Schwerpunkt auf juristische Faktoren, die ich beachten muss, Ziel ist es, am Ende des Leitfadens einen Online Shop gegründet zu haben.

Ergebnis ChatGPT:
- *Leitfaden zur Gründung eines Online-Shops: Juristische Faktoren*
- *Rechtsform des Unternehmens:*

Entscheiden Sie sich für eine Rechtsform, die am besten zu Ihren Bedürfnissen und Zielen passt. Gängige Rechtsformen sind Einzelunternehmen, GbR, GmbH, UG (haftungsbeschränkt) oder AG. Jede Rechtsform hat ihre eigenen Vor- und Nachteile hinsichtlich Haftung, Steuern und Verwaltungsaufwand. Konsultieren Sie einen Rechtsanwalt oder Steuerberater, um die beste Option für Ihren Online-Shop auszuwählen.

• Anmeldung beim Gewerbeamt:

Melden Sie Ihr Gewerbe bei Ihrem örtlichen Gewerbeamt an. Dazu müssen Sie ein Gewerbeformular ausfüllen und eine Gebühr entrichten. Stellen Sie sicher, dass Sie alle erforderlichen Unterlagen und Informationen bereithalten.

• Handelsregister und Handelskammer:

Wenn Ihre gewählte Rechtsform eine Eintragung ins Handelsregister erfordert, müssen Sie dies beim zuständigen Registergericht beantragen. Ebenso müssen Sie Ihr Unternehmen bei der zuständigen Industrie- und Handelskammer anmelden.

• Steuernummer und Umsatzsteuer-ID:

Beantragen Sie eine Steuernummer beim zuständigen Finanzamt und, falls erforderlich, eine Umsatzsteuer-Identifikationsnummer beim Bundeszentralamt für Steuern.

• Allgemeine Geschäftsbedingungen (AGB):

Erstellen Sie detaillierte und rechtssichere AGB für Ihren Online-Shop. Diese sollten Informationen zu Vertragsabschluss, Preisen, Lieferung, Zahlungsbedingungen, Widerrufsrecht, Gewährleistung und Haftung enthalten. Holen Sie sich rechtlichen Rat von einem

Anwalt, um sicherzustellen, dass Ihre AGB den aktuellen gesetzlichen Anforderungen entsprechen.

• *Datenschutz:*

Stellen Sie sicher, dass Ihr Online-Shop die Datenschutz-Grundverordnung (DSGVO) und das Bundesdatenschutzgesetz (BDSG) einhält. Erstellen Sie eine Datenschutzerklärung, die transparent über die Verarbeitung von personenbezogenen Daten informiert. Benennen Sie gegebenenfalls einen Datenschutzbeauftragten.

• *Impressum:*

Fügen Sie ein Impressum auf Ihrer Website ein, das alle gesetzlich geforderten Informationen enthält, wie Firmenname, Adresse, Kontaktdaten, Handelsregisternummer, Geschäftsführer und Umsatzsteuer-ID.

• *Widerrufsbelehrung:*

Informieren Sie Ihre Kunden über ihr gesetzliches Widerrufsrecht und stellen Sie eine entsprechende Widerrufsbelehrung und ein Muster-Widerrufsformular bereit.

• *Verpackungsverordnung und Elektrogesetz:*

Als Online-Händler sind Sie verpflichtet, sich bei einem dualen System anzumelden, um die Verpackungsentsorgung Ihrer Produkte sicherzustellen. Zudem müssen Sie sich bei der Stiftung Elektro-Altgeräte Register (EAR) registrieren, falls Sie Elektro- und Elektronikgeräte vertreiben.

• *Produkthaftung und Sicherheit:*

Stellen Sie sicher, dass die von Ihnen angebotenen Produkte den geltenden Sicherheits- und Qualitätsstandards entsprechen.

Informieren Sie sich über gesetzliche Vorschriften und Kennzeichnungspflichten für Ihre spezifischen Produktkategorien. Sie sind dafür verantwortlich, nur sichere und konformitätsgeprüfte Produkte zu verkaufen.

• Jugendschutz:
Wenn Sie Produkte verkaufen, die Altersbeschränkungen unterliegen (z.B. Alkohol, Tabak, Medieninhalte), müssen Sie sicherstellen, dass der Verkauf an Minderjährige unterbunden wird. Implementieren Sie entsprechende Altersverifikationssysteme und informieren Sie über Jugendschutzbestimmungen.

• Urheberrecht und geistiges Eigentum:
Achten Sie darauf, keine urheberrechtlich geschützten Materialien oder Markenzeichen ohne entsprechende Lizenzen zu verwenden. Dies betrifft sowohl Produktbilder als auch Texte, Logos und Designs auf Ihrer Website. Bei Verstößen gegen das Urheberrecht oder das Markenrecht können kostspielige Abmahnungen drohen.

• Online-Streitbeilegung und Verbraucherschlichtung:
Informieren Sie Ihre Kunden über die Möglichkeit der Online-Streitbeilegung (OS) durch die Europäische Kommission und stellen Sie einen Link zur OS-Plattform bereit. Zudem sollten Sie angeben, ob Sie an einem Verbraucherschlichtungsverfahren teilnehmen oder nicht.

• Zahlungsmethoden und -sicherheit:
Bieten Sie verschiedene Zahlungsmethoden an und achten Sie darauf, dass die Abwicklung der Zahlungen sicher und datenschutzkonform erfolgt. Beachten Sie die Anforderungen der

Zahlungsdiensterichtlinie (PSD2) und gegebenenfalls der starken Kundenauthentifizierung (SCA).

• Versand und Zoll:

Informieren Sie sich über die geltenden Versand- und Zollbestimmungen für den nationalen und internationalen Versand Ihrer Produkte. Stellen Sie sicher, dass Sie alle erforderlichen Unterlagen und Kennzeichnungen für den Transport bereitstellen und die Kosten für Zollabfertigung und Steuern korrekt angeben. Indem Sie diesen Leitfaden befolgen und alle juristischen Aspekte bei der Gründung Ihres Online-Shops berücksichtigen, können Sie rechtliche Risiken minimieren und einen erfolgreichen und rechtskonformen Online-Shop betreiben. Es ist empfehlenswert, sich regelmäßig über Gesetzesänderungen und neue Anforderungen zu informieren, um stets auf dem aktuellen Stand zu bleiben.

ChatGPT ist nicht speziell auf juristische Fragen ausgelegt und weigert sich teilweise auch, solche Anfragen in der Rolle eines Juristen zu beantworten. Allerdings erhält man Antworten, wenn man die KI als Rechtsexperten befragt. Meistens weist die KI auch darauf hin, dass man sich professionellen, rechtlichen Beistand suchen soll, beantwortet die Anfrage jedoch trotzdem. Sicherlich ist dies ein Zugeständnis der Entwickler an die verschiedenen Berufsgruppen, um Ängste zu nehmen, dass man danach strebt die verschiedenen Berufe zu ersetzen. Schaut man sich jedoch die Ergebnisse zu den rechtlichen Anfragen an, sind die Ergebnisse zufriedenstellend und für den Normalbürger in der Regel ausreichend. Es bleibt abzuwarten, was auf juristische Fragen spezialisierte KI leisten kann und es wird sicherlich viele Juristen überraschen. Die Zukunft hat jedoch bereits begonnen und die ersten Kanzleien bieten bereits Fortbildungen zur Thematik an: https://www.fachseminare-von-fuerstenberg.de/fortbildung/chat-gpt?utm_source=kik.de&utm_medium=chatgtp

Juristen werden auch zuerst die KI nutzen, um Prozesse zu beschleunigen, ein Beispiel für ein KI Produkt aus diesem Bereich findet man auf https://bryter.com/?utm_source=legal-tech&utm_medium=referral

Auch in diesem Bereich wird KI Nutzung in kurzer Zeit die Norm sein, bis die KI Tools auch ohne Juristen auskommen werden, sobald sie genug Daten gesammelt haben. Die Branche beginnt jedoch bereits den Gegenangriff. Das britische Start-up Donotpay hat eine KI entwickelt, die die Arbeit von Anwälten fast komplett übernehmen kann. Wie erfolgreich die KI ist, zeigt sich daran, dass Sie nun durch menschliche Anwälte verklagt wurde.

https://www.computerbild.de/artikel/cb-News-Internet-KI-vor-Gericht-Kanzlei-verklagt-weltweit-ersten-Roboter-Anwalt-35339251.html

Die Disruption hat begonnen und bisher wurden Juristen von den vielen technischen Veränderungen unserer Gesellschaft in den letzten Jahrzehnten verschont, das hat sich nun geändert.

Ärzte und medizinisches Personal – Die unsichtbare KI

In diesem Kapitel möchte ich die Auswirkungen der Künstlichen
Intelligenz (KI) auf den Beruf von Medizinern und medizinischem
Personal allgemein beleuchten. Künstliche Intelligenz wird bereits
im medizinischen Bereich eingesetzt, allerdings überwiegend von
den Patienten unbemerkt. Fast hat man den Eindruck, dass
Ärztinnen und Ärzten der Einsatz von KI in ihrem Arbeitsbereich
unangenehm ist und man darüber lieber nicht spricht.
Das Frauenhofer Institut IKS gibt bereits einen breiten Überblick,
was alles möglich ist und sein wird:
https://www.iks.fraunhofer.de/de/themen/kuenstliche-intelligenz/
kuenstliche-intelligenz-medizin.html
Derzeit spielt KI bereits eine bedeutende Rolle in der Medizin. Sie
wird eingesetzt, um Diagnosen schneller und präziser zu stellen,
personalisierte Therapieansätze zu entwickeln und den
Verwaltungsaufwand zu reduzieren. Beispielsweise nutzen
Radiologen KI-Algorithmen, um Muster in bildgebenden Verfahren
wie MRTs und CTs schneller und genauer zu erkennen. In der
Krebsforschung hilft KI bei der Identifizierung von Biomarkern und
der Entwicklung maßgeschneiderter Behandlungspläne.
Auch hier ist die wahre Revolution für den normalen Menschen der
niedrigschwellige Zugang zu einer medizinischen Beratung, für die
man bisher zum Arzt geben muss. So kann hier erneut ChatGPT als
Berater dienen, z. B. bei der Informationsbeschaffung über
Krankheiten oder zur Beantwortung von jeglichen
Patientenanfragen.

Beginnen wir mit einem Beispiel für Knieschmerzen und fragen ChatGPT nach einer Behandlung:

Als KI-Modell bin ich kein Arzt und kann keine medizinischen Ratschläge geben. Allerdings kann ich allgemeine Informationen und Hinweise zur Selbsthilfe bei Knieschmerzen anbieten, die Ihnen möglicherweise helfen können. Bitte beachten Sie, dass diese Informationen keine persönliche medizinische Beratung ersetzen, und es wird dringend empfohlen, bei anhaltenden oder schweren Schmerzen einen Arzt aufzusuchen.

1. *Schonung und Entlastung: Reduzieren Sie Aktivitäten, die Ihre Knieschmerzen verschlimmern. Das kann bedeuten, dass Sie Sport oder lange Spaziergänge vorübergehend einschränken. Versuchen Sie, das betroffene Knie zu schonen und es nicht zu überlasten.*

2. *Kühlung: Verwenden Sie Eispackungen oder ein in ein Handtuch gewickeltes Kühlpack, um das Knie für etwa 15-20 Minuten zu kühlen. Wiederholen Sie dies mehrmals täglich, insbesondere nach Aktivitäten, die Schmerzen verursachen.*

3. *Schmerzmittel: Nicht verschreibungspflichtige Schmerzmittel wie Paracetamol, Ibuprofen oder Naproxen können bei leichten bis mäßigen Schmerzen helfen. Achten Sie darauf, die empfohlene Dosierung nicht zu überschreiten und sprechen Sie mit Ihrem Apotheker, um mögliche Wechselwirkungen mit anderen Medikamenten auszuschließen.*

4. *Kompression: Eine Kniebandage oder ein elastischer Verband kann helfen, Schwellungen zu reduzieren und Stabilität zu*

bieten. Achten Sie darauf, dass die Bandage nicht zu eng ist und den Blutfluss nicht einschränkt.

5. Hochlegen: Legen Sie das betroffene Bein hoch, wenn Sie sitzen oder liegen, um Schwellungen zu reduzieren. Verwenden Sie Kissen oder eine aufgerollte Decke, um das Knie in einer angenehmen Position zu stützen.

6. Leichte Dehn- und Kräftigungsübungen: Übungen zur Verbesserung der Flexibilität und Stärkung der Muskulatur um das Knie können helfen, Schmerzen zu lindern und zukünftige Verletzungen zu verhindern. Bevor Sie mit einem Übungsprogramm beginnen, ist es ratsam, einen Physiotherapeuten oder einen Arzt zu konsultieren.

7. Gewichtsreduktion: Falls Sie übergewichtig sind, kann eine Gewichtsreduktion die Belastung auf Ihre Knie reduzieren und Schmerzen lindern. Eine gesunde Ernährung und regelmäßige Bewegung können Ihnen dabei helfen, Gewicht zu verlieren und gleichzeitig die Gesundheit Ihrer Gelenke zu fördern.

Bitte beachten Sie, dass die oben genannten Hinweise allgemeiner Natur sind und möglicherweise nicht für Ihre spezifische Situation geeignet sind. Bei anhaltenden, sich verschlechternden oder schweren Knieschmerzen ist es wichtig, einen Arzt aufzusuchen, um eine genaue Diagnose und geeignete Behandlung zu erhalten.

Nach den inzwischen obligatorischen Hinweisen, dass man einen Experten, in diesem Fall einen Arzt oder eine Ärztin, aufsuchen soll, erhält man Hinweise, wie man sich selbst helfen kann und welche

Medikamente helfen können. Das Ergebnis ist sicherlich nicht schlechter als nach dem ersten Termin bei einem Arzt, es ist sogar um einiges umfangreicher als bei manchem Arzt, der sich kaum noch Zeit für seine Patienten nehmen kann. Vorteil der KI an dieser Stelle ist auch, dass man nun weitere Fragen stellen und die Hinweise noch ausführlicher bekommen kann. Stellen wir nun eine etwas komplizierte Diagnose und lassen uns Behandlungshinweise und einen Ernährungsplan für eine Divertikulose erstellen:

Ich bin kein Arzt, aber ich kann Ihnen einen allgemeinen Behandlungs- und Ernährungsplan anbieten, der auf Empfehlungen für Menschen mit Divertikulose basiert. Bei spezifischen medizinischen Bedenken oder Symptomen ist es wichtig, Ihren Arzt oder einen Ernährungsberater zu konsultieren, um eine individuelle Beratung und Anleitung zu erhalten.

Behandlungsplan:

1. *Ballaststoffreiche Ernährung: Eine ballaststoffreiche Ernährung kann helfen, den Stuhl weich und leicht zu passieren, wodurch das Risiko von Divertikulitis reduziert wird.*
2. *Trinken Sie ausreichend Flüssigkeit: Achten Sie darauf, täglich genügend Wasser oder andere kalorienarme Flüssigkeiten zu trinken, um eine gesunde Verdauung zu unterstützen.*
3. *Regelmäßige Bewegung: Eine regelmäßige körperliche Aktivität kann die Darmfunktion verbessern und das Risiko von Divertikulitis verringern.*
4. *Vermeiden Sie den Gebrauch von Abführmitteln und Einläufen, es sei denn, sie wurden von Ihrem Arzt empfohlen.*

5. *Bei akuten Divertikulitis-Schüben suchen Sie Ihren Arzt auf, um eine geeignete Behandlung zu erhalten.*

Ernährungsplan für eine Woche:

Tag 1:

Frühstück: Haferbrei mit Beeren und Chiasamen

Snack: Apfel und Mandeln

Mittagessen: Vollkornbrot mit Avocado, Tomaten und Salat

Snack: Joghurt mit Honig und gehackten Nüssen

Abendessen: Lachs, brauner Reis und gedämpftes Gemüse

Tag 2:

Frühstück: Vollkornmüsli mit Milch und Bananenscheiben

Snack: Karottensticks und Hummus

Mittagessen: Quinoasalat mit Gemüse und Kichererbsen

Snack: Handvoll Trockenfrüchte und Nüsse

Abendessen: Hähnchenbrust, Süßkartoffeln und Brokkoli

Tag 3:

Frühstück: Naturjoghurt mit Beeren und Haferflocken

Snack: Birne und Walnüsse

Mittagessen: Linsensuppe mit Vollkornbrot

Snack: Gemüsesticks mit Joghurtdip

Abendessen: Vollkorn-Pasta mit Tomatensoße und Gemüse

Tag 4:

Frühstück: Smoothie mit Beeren, Spinat, Haferflocken und Mandelmilch

Snack: Gemüsesticks und Hummus

Mittagessen: Vollkornbrot mit Hähnchenbrust, Avocado und Salat

Snack: Joghurt mit Honig und gehackten Nüssen

Abendessen: Ofengebackener Fisch, Quinoa und gedämpftes Gemüse

Tag 5:

Frühstück: Haferbrei mit Apfelscheiben, Zimt und Walnüssen

Snack: Birne und Mandeln

Mittagessen: Salat mit gegrilltem Gemüse, Kichererbsen und Feta

Snack: Vollkorn-Cracker und Frischkäse

Abendessen: Chili sin Carne mit braunem Reis und Avocado

Tag 6:

Frühstück: Müsli mit Joghurt, Beeren und Chiasamen

Snack: Apfel und Walnüsse

Mittagessen: Vollkorn-Wrap mit gegrilltem Gemüse, Quinoa und Hummus

Snack: Karottensticks und Joghurtdip

Abendessen: Hähnchenbrust, Süßkartoffel-Püree und grüne Bohnen

Tag 7:

Frühstück: Haferflocken-Pfannkuchen mit Beeren und Ahornsirup

Snack: Banane und Mandeln

Mittagessen: Vollkornbrot mit Thunfischsalat und Salatblättern

Snack: Gemüsesticks und Frischkäse

Auch hier ist das Ergebnis vergleichbar mit einem Arzttermin und wahrscheinlich deutlich ausführlicher als bei vielen Medizinern. Der Vorteil ist nun ebenfalls, dass man endlos Fragen zu den einzelnen Punkten stellen und sich alles in Ruhe erklären lassen kann. Die

Zeitknappheit bei Arztbesuchen ist hinlänglich bekannt und hier kann KI, wie in diesem Fall ChatGPT, diese Lücke füllen. Der Patient erhält eine kompetente Beratung und kann sein eigenes medizinisches Wissen erweitern.

In der Zukunft könnten KI-Systeme noch weitergehende Aufgaben im medizinischen Bereich übernehmen:

1. **Diagnoseunterstützung:** KI-Systeme unterstützen Ärzte dabei, komplexe Krankheitsbilder besser zu erkennen und zielgerichtete Diagnosen zu stellen. Durch die Analyse von Patientendaten und Bildern, einschließlich genetischer Informationen, Laborergebnissen und Symptomen, können KI-Systeme Muster erkennen, die für menschliche Experten schwer sichtbar sind. Dies wird teilweise bereits bei Hautkrebs angewandt und wird in Zukunft noch weiter ausgebaut werden.

2. **Personalisierte Medizin:** KI-Systeme könnten dazu beitragen, individuelle Therapiepläne zu entwickeln, die auf den genetischen, biologischen und lebensstilbedingten Faktoren eines Patienten basieren. Dies würde die Wahrscheinlichkeit erhöhen, dass die gewählte Therapie effektiv ist und mögliche Nebenwirkungen reduziert werden.

3. **Telemedizin und virtuelle Gesundheitsversorgung:** Patienten in ländlichen oder abgelegenen Gebieten haben immer weniger Zugang zu medizinischer Versorgung, da dort Ärzte fehlen. Durch virtuelle Konsultationen können Ärzte und medizinisches Personal Patienten betreuen, ohne dass diese physisch in einer Praxis oder einem Krankenhaus erscheinen müssen, KI kann

das Angebot noch weiter ausbauen und die Patienten dabei unterstützen, sich selbst zu helfen.

4. **Forschung und klinische Studien**: KI-Systeme könnten in der Zukunft eine noch aktivere Rolle bei der medizinischen Forschung und der Durchführung von klinischen Studien einnehmen. Durch die enorme Geschwindigkeit der KI in der Auswertung der Daten, ist die KI dabei jedem Menschen deutlich überlegen. Die größte Stärke der KI ist sicherlich, Muster in großen Datenmengen zu erkennen, um daraus dann Hypothesen zu generieren und Studien zu optimieren.

Die Qualität der Gesundheitsversorgung wird durch KI deutlich verbessert, aber die Herausforderungen, die KI für Mediziner und medizinisches Personal mit sich bringt, sind vielfältig. Dazu gehören die Sicherstellung von Datenschutz und Datensicherheit, die ethische und regulatorische Gestaltung des Einsatzes von KI in der Medizin, sowie die Notwendigkeit, Mediziner und medizinisches Personal in der Anwendung von KI-Technologien fortzubilden. Dieser Prozess hat bereits begonnen und wird durch die rasante Verbreitung von KI Tools sicherlich noch beschleunigt werden. Die Akzeptanz von KI Tools in der medizinischen Behandlung muss sichergestellt werden, um optimale Ergebnisse im Sinne der Patientinnen und Patienten zu erzielen. Dies wird sicherlich einige Zeit in Anspruch nehmen, jedoch ist es absehbar, dass sogar komplette Operationen durch Roboter durchgeführt werden können. Roboterassistenten sind da bereits erfolgreich im Einsatz.

Eines der bekanntesten Beispiele für einen solchen chirurgischen Roboter ist das Vinci Surgical System der Firma Intuitive Surgical. Der „da Vinci-Operationsroboter" wurde bereits im Jahr 2000 von der US-amerikanischen Food and Drug Administration (FDA) für den Einsatz in der minimalinvasiven Chirurgie zugelassen.

Der „da Vinci-Roboter" wird häufig für urologische, gynäkologische, kardiologische und allgemeinchirurgische Eingriffe eingesetzt. Er ermöglicht es Chirurgen, präzisere und weniger invasive Operationen durchzuführen, was zu einer schnelleren Genesung und geringeren postoperativen Komplikationen für die Patienten führen kann.

Weitere Informationen zum „da Vinci Surgical System" findet man auf der offiziellen Website von Intuitive Surgical: <u>https://www.intuitive.com/en-us/products-and-services/da-vinci</u>

Durch die Kombination mit KI Tools wird dieser Bereich ebenfalls revolutioniert. Bisher haben Roboter eher unterstützt, durch die neue KI Technik, die viel mehr zu leisten im Stande ist, wird die Rolle der KI neu definiert werden müssen und mit Sicherheit werden mehr Aufgaben in Richtung KI verlagert, bis hin zu dem Punkt, dass die KI den gesamten Prozess abdecken kann. Weitere Informationen zu diesem Thema findet man unter:

https://www.itk-engineering.de/gesundheit/robotik/?gclid=CjwKCAjw586hBhBrEiwAQYEnHavoBCjMr0lsuCNwE0NGKhujAVRBVDCbeDz0z3sa9otH7JcbaABOJBoCtmcQAvD_BwE

Isaac Kohane, Informatiker und Arzt an der Harvard University, hat soeben ein Buch zur Thematik veröffentlicht. Er stellt fest, dass KI bereits heute besser die Arbeit von Ärzten übernehmen kann, als es die meisten Ärzte selbst können. Selbst der Bereich der Psychotherapie wird von KI Tools übernommen. Zwar gab es zu Beginn des Jahres 2023 einen Skandal, als die US- Plattform Koko KI Tools an depressiven Menschen testete, aber die Entwicklung ist nicht mehr aufzuhalten, da das Personal in diesem Bereich weltweit fehlt, der Bedarf aber stetig steigt, KI Tools können dieses Problem lösen. Was war passiert? Die Testpersonen wurden durch einen Chatbot beraten, der ihnen mit ihren Problemen helfen sollte. Den Testpersonen wurde jedoch nicht mitgeteilt, dass der Chat nicht mit einem Menschen, sondern mit ChatGPT- 3 stattfand. Die Resonanz war am Anfang durchweg positiv und sogar im Vergleich mit menschlicher Beratung sogar besser. Erst als die Testpersonen erkannten, dass kein Mensch die Antworten verfasste, wurde die Beratung negativ bewertet. Es geht demnach nicht mehr um Qualität, sondern um Akzeptanz. Simulierte Empathie ist für Menschen nicht akzeptabel, egal wie gut sie sein mag. Ob und wie solche Einsatzgebiete sinnvoll sind und sich durchsetzen werden, ist derzeit nicht absehbar, da es eine starke Gegenbewegung in diesem Bereich gibt. Technisch gesehen sind KI Tools bereits heute die besseren Ärzte.

Lehrer– Bildung für jeden, immer und überall

Der Beruf der Lehrkraft ist momentan im Fokus. Der Lehrkräftemangel ist dramatisch und auch die Möglichkeiten des Seiteneinstiegs konnten das Problem nicht lösen. Im ersten Teil des Buches habe ich aufgezeigt, wie KI Tools meinen Job als Schulleiter obsolet gemacht haben, in diesem Kapitel stelle ich dar, welche Auswirkungen KI Tools auf den Lehrerberuf haben und ob KI Tools den Lehrerberuf komplett übernehmen können. Dies erscheint erstmal unvorstellbar, da Lehrkräfte direkt mit den Schülerinnen und Schüler zusammenarbeiten. Aber beginnen wir mit der Königsdisziplin des Berufs, der auch einen Großteil der akademischen Ausbildung ausmacht: Unterricht planen.

ChatGPT Prompt:

Du bist Deutschlehrer, du planst eine Unterrichtsreihe für den Jahrgang 5 eines Gymnasiums in Nordrhein-Westfalen, berücksichtige den relevanten Lehrplan, sei abwechslungsreich und motivierend, nutze die Tabellenform, stelle Medien und Sozialformen dar

Ergebnis ChatGPT:

Unterrichtseinheit: "Abenteuerliche Geschichten"

Stunde	Thema	Lernziele	Sozialform	Medien
1	Einführung ins Thema Abenteuer	Interesse wecken, Vorwissen aktivieren	Einzelarbeit	Bilder, Kurzgeschichten
2	Figuren kennenlernen	Charaktereigenschaften, Figurenbeschreibung üben	Partnerarbeit	Arbeitsblätter
3	Schauplätze erkunden	Bedeutung von Schauplätzen, Beschreibungen üben	Gruppenarbeit	Karten, Bilder

4	Spannung erzeugen	Merkmale spannender Texte, Schreibstrategien	Einzelarbeit	Textbeispiele
5	Wörtliche Rede	Wörtliche Rede erkennen und anwenden	Partnerarbeit	Arbeitsblätter
6	Erzählperspektiven	Unterschiedliche Erzählperspektiven kennenlernen	Gruppenarbeit	Textbeispiele
7	Textarbeit: Abenteuergeschichte	Gemeinsam eine Abenteuergeschichte lesen und analysieren	Plenum	Abenteuergeschichte
8	Rollenspiel	Szenen aus der Geschichte nachspielen	Gruppenarbeit	Rollenkarten
9	Schreiben eigener Geschichten (1)	Planung einer eigenen Abenteuergeschichte	Einzelarbeit	Schreibmaterial
10	Schreiben eigener Geschichten (2)	Schreiben einer eigenen Abenteuergeschichte	Einzelarbeit	Schreibmaterial
11	Geschichten vorstellen	Präsentation der eigenen Geschichten	Plenum	Geschichten der Schüler
12	Reflexion und Feedback	Rückblick auf die Unterrichtsreihe, Feedback geben	Plenum	-

Diese Tabelle bietet eine Übersicht über eine Unterrichtsreihe zum Thema "Abenteuerliche Geschichten" für den Jahrgang 5 eines Gymnasiums in Nordrhein-Westfalen. Die Unterrichtsreihe ist darauf ausgelegt, die Schülerinnen und Schüler aktiv in die Textarbeit einzubeziehen, verschiedene Sozialformen zu nutzen und abwechslungsreiche Medien einzusetzen. Die Lernziele und Inhalte sollten an den aktuellen Lehrplan angepasst und ggf. erweitert werden.

ChatGPT Prompt:

Plane die erste Stunde, erstelle einen Unterrichtsablauf, mit den passenden Zielen und einen Zeitablauf

Ergebnis ChatGPT:

Titel der Stunde: Einführung ins Thema Abenteuer

Dauer: 45 Minuten

Ziele:

- *Schüler*innen wecken ihr Interesse am Thema Abenteuer*
- *Aktivieren des Vorwissens der Schüler*innen über abenteuerliche Geschichten*
- *Schüler*innen entwickeln erste Ideen für ihre eigene Abenteuergeschichte*

Unterrichtsablauf:

1. *Einstieg (5 Minuten)*
   - *Begrüßung der Schüler*innen und Vorstellung des Themas "Abenteuerliche Geschichten"*

- *Kurzer Impuls: Frage an die Klasse, was sie unter "Abenteuer" verstehen*

2. *Aktivierung des Vorwissens (10 Minuten)*
   - *Schüler*innen schreiben in Einzelarbeit auf, welche Abenteuerbücher oder -filme sie kennen und was ihnen daran gefällt*
   - *Sammlung der Ergebnisse im Plenum, Visualisierung an der Tafel oder mit einem Mindmap-Programm*

3. *Bilderreise (5 Minuten)*
   - *Präsentation von Bildern, die verschiedene Abenteuerszenarien darstellen (z.B. Dschungel, Piratenschiff, Wüste)*
   - *Schüler*innen notieren stichpunktartig ihre Gedanken und Assoziationen zu den Bildern*

4. *Gruppenarbeit: Abenteuerideen entwickeln (10 Minuten)*
   - *Schüler*innen bilden Gruppen von 4-5 Personen*
   - *Jede Gruppe erhält ein Bild aus der Bilderreise und entwickelt gemeinsam eine kurze Abenteuergeschichte, die auf dem Bild basiert*

5. *Präsentation der Gruppenarbeiten (10 Minuten)*
   - *Jede Gruppe stellt ihre Abenteuergeschichte kurz dem Plenum vor*
   - *Lehrkraft gibt Feedback und betont positive Aspekte der Geschichten*

6. *Abschluss und Ausblick (5 Minuten)*
   - *Zusammenfassung der Stunde und Hervorhebung der erarbeiteten Ideen*

- *Ausblick auf die kommenden Stunden und die Schwerpunkte der Unterrichtsreihe*

Dieser Unterrichtsentwurf für die erste Stunde der Unterrichtsreihe "Abenteuerliche Geschichten" zielt darauf ab, das Interesse der Schülerinnen zu wecken und ihr Vorwissen zu aktivieren. Durch verschiedene Sozialformen und Aktivitäten werden die Schülerinnen dazu motiviert, kreativ zu werden und sich auf die kommenden Stunden einzulassen.

ChatGPT Prompt:

Erstelle die passenden Arbeitsblätter zu dieser Stunde, differenziere nach Leistungsstärke

Ergebnis ChatGPT:

Arbeitsblatt 1: Abenteuerliches Vorwissen

Name: _____ Datum: _____

1. *Schreibe auf, welche abenteuerlichen Bücher, Filme oder Geschichten du kennst:*

2.

3. *Was gefällt dir besonders an diesen Abenteuergeschichten? Nenne mindestens zwei Gründe:*

   a)

   _____

   b)

   _____

Arbeitsblatt 2: Bilderreise - Abenteuerliche Gedanken

Name: _____ Datum: _____

Schau dir das folgende Bild genau an und notiere deine Gedanken und Assoziationen dazu. Was könnte in einer Geschichte passieren, die an diesem Ort spielt?

Bildbeschreibung:

_____

Gedanken und Assoziationen:

  1.

  2.

  3.

  4.

Arbeitsblatt 2a (für leistungsstärkere Schüler*innen): Bilderreise - Abenteuerliche Gedanken mit Fragen

Name: _____ Datum: _____

Schau dir das folgende Bild genau an und beantworte die Fragen dazu. Was könnte in einer Geschichte passieren, die an diesem Ort spielt?

Bildbeschreibung:

_____

  1. *Beschreibe den Ort im Bild. Was fällt dir als Erstes auf?*

  2. *Welche Personen oder Tiere könnten an diesem Ort eine Rolle spielen?*

3. Was könnte das zentrale Problem oder Konflikt in einer Geschichte sein, die an diesem Ort spielt?

4. Welche Art von Abenteuer könnte hier stattfinden? (z.B. Schatzsuche, Rettungsmission)

Die Arbeitsblätter sind so konzipiert, dass sie den Schülerinnen unterschiedlicher Leistungsstärke gerecht werden. Während Arbeitsblatt 1 und 2 für alle Schülerinnen geeignet sind, bietet Arbeitsblatt 2a leistungsstärkeren Schüler*innen zusätzliche Fragen, um ihre Gedanken und Assoziationen zum Bild zu vertiefen und herausfordernde Aufgaben zu bearbeiten.

Damit ist klar, dass ChatGPT in Sekunden eine Planung für mehrere Tage und Wochen für Lehrkräfte übernehmen kann. Sogar die Bewertung kann von ChatGPT übernommen werden. Wer sich ausführlicher mit dem Lehrerberuf und ChatGPT beschäftigen möchte, dem sei folgendes Buch empfohlen:

https://www.amazon.de/Mit-ChatGPT-zur-Super-kommunizieren-ebook/dp/B0BYNXLT3W/ref=sr_1_1?
qid=1681113914&refinements=p_27:Alexander+Groß&s=digital-text&sr=1-1&text=Alexander+Groß

Für die Lehrerausbildung ist dieses Buch passender:
https://www.amazon.de/ChatGPT-entspannt-Referendariat-Lehrerausbildung-gemacht-ebook/dp/B0BZXCTM7W/ref=sr_1_1?

__mk_de_DE=ÅMÅŽÕÑ&keywords=referendariat+chatgpt&qid=16
81070840&s=digital-text&sr=1-1

In beiden Büchern werden konkrete Anwendungsbeispiele für alle
Handlungsfelder aufgezeigt. Es wird sehr deutlich, wie groß die
Zeiteinsparung für Lehrkräfte sein kann. Die gewonnene Zeit kann
genutzt werden, um sich wieder verstärkt der direkten Arbeit mit
den Kindern zu widmen. Es wird sicherlich auch zu diskutieren sein,
ob man die zu unterrichtende Zeit aufstockt, da die Zeit für Planung
und Bewertung durch KI drastisch reduziert werden kann. Dies wird
sicherlich nicht besonders populär bei der Lehrerschaft sein, aber
ist nur eine logische Konsequenz der Entwicklung. Der Lehrerberuf
ist insoferen vorerst sicher, da die KI noch nicht die Arbeit vor Ort
mit den Kindern übernehmen kann, aber sobald humanoide
Roboter mit KI Technik versehen sind, ist auch dieser Einsatz
denkbar.

Die menschliche Komponente bleibt jedoch entscheidend,
insbesondere wenn es um den Aufbau von Beziehungen, die
Vermittlung von Werten und die Förderung von sozialen und
emotionalen Kompetenzen geht.

Versicherungsagenten – Die Zukunft der Versicherungsbranche durch Künstliche Intelligenz

Ich beleuchte in diesem Kapitel die potenziellen Auswirkungen der Künstlichen Intelligenz (KI) auf den Bereich Versicherungen und zeige konkrete Beispiele für KI-Anwendungen, einschließlich ChatGPT, in diesem Sektor auf.

Die Versicherungsbranche ist geprägt von hohem Verwaltungsaufwand, komplexen Verträgen und zahlreichen Kundenanfragen. KI bewältigt diese Aufgaben schneller und effizienter, indem sie Prozesse automatisiert und optimiert, da die meisten Anfragen für Versicherungen standardisiert sind.

Beispiele für KI-Anwendungen im Bereich Versicherungen:

- **Automatisierte Schadensbearbeitung:** KI analysiert Schadensmeldungen, die Schadenshöhe wird geschätzt und das alles vollautomatisch.

- **Risikobewertung und -management:** KI verbessert die Risikobewertung und erstellt individuellere Versicherungstarife. Algorithmen können große Datenmengen analysieren und Muster erkennen, um das Risiko von Versicherungsfällen besser einzuschätzen und entsprechende Prämien zu berechnen.

- Kundenbetreuung und Beratung: KI-gestützte Chatbots, wie ChatGPT, können Kundenanfragen beantworten, Informationen zu Versicherungsprodukten bereitstellen und bei der Auswahl des passenden Versicherungsschutzes unterstützen.

Dies alles findet bereits im Hintergrund von Online Versicherungen statt und wird sich immer weiter entwickeln. Beim online Abschließen von Versicherungen, spielen Menschen bereits keine Rolle mehr.

ChatGPT im Bereich Versicherungen:

Ein konkretes Beispiel für den Einsatz von ChatGPT in der Versicherungsbranche könnte die Automatisierung der Kundenkommunikation sein. ChatGPT könnte beispielsweise als virtueller Assistent fungieren, der Kundenanfragen beantwortet, Tarifinformationen bereitstellt und Beratung bei der Auswahl von Versicherungsprodukten anbietet.

In der Zukunft werden KI-Anwendungen noch stärker die Versicherungsbranche prägen, als sie es heute schon tun. Jeder nicht-technische Beruf in dieser Branche wird nicht mehr benötigt. KI kann individuellere und maßgeschneiderte Versicherungsprodukte entwickeln, die besser auf die Bedürfnisse und Risiken der Kunden abgestimmt sind, als es Menschen in ihrer Einschätzung leisten könnten, da KI viel mehr Daten auswerten kann. Bereits jetzt sind Menschen überwiegend in Beratungs- und Servicefunktion in diesem Bereich tätig, aber auch dies wird durch KI-Systeme wie ChatGPT bald überflüssig sein, da Chatbots mit dem Menschen gemeinsam ein maßgeschneidertes Angebot entwickeln werden. Das Durchklicken durch vorgefertigte Masken und Websites, wo man seine Daten eingibt, um ein Angebot zu erhalten, wird kurzfristig weiterentwickelt werden und die Anbieter werden in einer digitalen Konversation mit einem KI Chatbot das passende Versicherungsangebot entwickeln. Der Kunde wird dabei aktiv in einer digitalen Konversation eingebunden.

Ein kritischer Punkt bei der Implementierung von KI in der Versicherungsbranche ist die Sicherheit und der Schutz von Kundendaten. Anbei ein Beispiel, welches ChatGPT erstellt, ohne dass viele Daten eingegeben werden müssen. Der erste Prompt ist absichtlich nicht perfekt formuliert, damit das aktuelle Niveau und die Art des Gesprächscharakters beispielhaft aufgezeigt werden kann.

ChatGPT Prompt 1:

Du bist erfolgreiche Versicherungsmakler, erstelle mir ein passendes Angebot für eine Hausratsversicherung für ein Haus in Köln, 200 qm, Baujahr 2011

Ergebnis ChatGPT 1:

Als KI-basiertes Modell kann ich Ihnen kein echtes Versicherungsangebot erstellen. Allerdings kann ich Ihnen einige wichtige Punkte nennen, die Sie bei der Suche nach einer passenden Hausratversicherung für ein Haus in Köln, 200 qm, Baujahr 2011, beachten sollten:

1. *Versicherungssumme: Die Versicherungssumme sollte ausreichend hoch sein, um den gesamten Wert Ihres Hausrats abzudecken. Eine Faustregel ist, die Versicherungssumme auf der Grundlage von 650 Euro pro Quadratmeter Wohnfläche zu berechnen. In Ihrem Fall wäre das eine Versicherungssumme von ca. 130.000 Euro (200 qm x 650 Euro).*

2. *Selbstbeteiligung: Überlegen Sie, ob Sie bereit sind, im Schadensfall eine Selbstbeteiligung zu tragen, um die Prämie zu reduzieren. Die Höhe der Selbstbeteiligung variiert je nach Versicherer und Tarif.*

3. *Elementarschäden: Stellen Sie sicher, dass Ihr Vertrag auch Elementarschäden wie Hochwasser, Starkregen, Erdrutsch oder Lawinen abdeckt. In manchen Regionen, auch in Köln, kann das Risiko für solche Schäden erhöht sein.*

4. *Fahrraddiebstahl: Wenn Sie ein teures Fahrrad besitzen, achten Sie darauf, dass auch der Diebstahl von Fahrrädern außerhalb des versicherten Gebäudes abgedeckt ist.*

5. *Unterversicherungsverzicht: Um im Schadensfall keine Kürzung der Leistung aufgrund einer möglichen Unterversicherung zu riskieren, sollten Sie auf einen Unterversicherungsverzicht achten. Dadurch wird die Versicherungssumme im Schadensfall ohne Abzüge erstattet.*

6. *Flexibilität: Achten Sie darauf, dass die Versicherungspolice flexibel ist und Sie im Falle eines Umzugs oder einer Veränderung Ihrer Lebenssituation problemlos Anpassungen vornehmen können.*

7. *Laufzeit und Kündigungsfrist: Informieren Sie sich über die Laufzeit des Vertrags und die Kündigungsfristen, um im Bedarfsfall schnell auf einen anderen Anbieter wechseln zu können.*

Um ein individuelles Angebot von einem Versicherungsmakler oder Versicherungsunternehmen zu erhalten, ist es am besten, direkt mit

einem Anbieter in Kontakt zu treten und Ihre persönlichen
Bedürfnisse und Anforderungen zu besprechen.

Auch hier weist die KI auf die Notwendigkeit einer professionellen
Beratung hin, liefert jedoch bereits ein brauchbares Ergebnis,
welches wir nur weiter verfeinern.

ChatGPT Prompt 2:
Führe 1 - 7 ausführlicher aus und gib mir eine Schätzung der
Summe, die ich bezahlen muss.

Ergebnis ChatGPT 2:
Bitte beachten Sie, dass ich als KI keine genauen Prämien
berechnen kann, da diese von verschiedenen Faktoren abhängen,
einschließlich der individuellen Versicherungsgesellschaft, Ihres
Wohnortes und der gewählten Leistungen. Allerdings kann ich
Ihnen einige zusätzliche Informationen und eine grobe Schätzung
geben, die Ihnen bei Ihrer Suche helfen können:

1. *Versicherungssumme: Wie bereits erwähnt, sollte die*
   Versicherungssumme ausreichend sein, um den Wert Ihres
   Hausrats abzudecken. Achten Sie darauf, dass auch wertvolle
   Gegenstände wie Schmuck, Kunst oder Antiquitäten
   angemessen berücksichtigt werden.
2. *Selbstbeteiligung: Die Selbstbeteiligung kann variieren, z. B.*
   von 150 Euro bis 500 Euro oder mehr. Je höher die
   Selbstbeteiligung, desto geringer sind in der Regel die
   monatlichen Prämien. Überlegen Sie, wie viel Sie im

Schadensfall selbst tragen möchten und wie sich das auf Ihre Prämie auswirkt.

3. Elementarschäden: Zusätzlicher Schutz für Elementarschäden kann die Prämie erhöhen, ist aber in Risikogebieten wie Köln oft ratsam. Die Kosten für diese Zusatzleistung können je nach Anbieter und Risiko variieren.

4. Fahrraddiebstahl: Die Absicherung von Fahrraddiebstahl außerhalb des versicherten Gebäudes kann die Prämie ebenfalls erhöhen. Die Kosten hängen von der Versicherungssumme für das Fahrrad und dem Versicherer ab.

5. Unterversicherungsverzicht: Einige Versicherer bieten einen Unterversicherungsverzicht ohne zusätzliche Kosten an, während andere dafür eine höhere Prämie verlangen. Achten Sie darauf, diese Bedingung zu überprüfen und in Ihre Entscheidung einzubeziehen.

6. Flexibilität: Ein flexibler Vertrag kann es Ihnen ermöglichen, Ihre Versicherungsleistungen bei Bedarf anzupassen, ohne zusätzliche Gebühren zahlen zu müssen. Flexibilität kann jedoch auch mit höheren Kosten verbunden sein.

7. Laufzeit und Kündigungsfrist: Die Vertragslaufzeit kann ein oder mehrere Jahre betragen. Kürzere Laufzeiten bieten in der Regel mehr Flexibilität, können aber auch höhere Prämien bedeuten. Die Kündigungsfrist beträgt in der Regel drei Monate vor Ablauf des Vertrages.

Schätzung der Prämie: Die jährliche Prämie für eine Hausratversicherung in Köln, 200 qm, Baujahr 2011, kann je nach den oben genannten Faktoren zwischen 200 und 500 Euro oder mehr liegen. Bitte beachten Sie, dass dies nur eine grobe Schätzung ist und die tatsächlichen Kosten von den gewählten Leistungen und dem individuellen Versicherungsunternehmen abhängen.

Um ein genaues Angebot zu erhalten, empfehle ich Ihnen, sich an einen Versicherungsmakler oder ein Versicherungsunternehmen zu wenden und Ihre individuellen Bedürfnisse und Anforderungen zu besprechen.

Abschließend werden wir nun eine Liste der Anbieter anfordern, was zukünftig sicherlich nicht mehr notwendig sein wird, da das KI Tool in alle bestehenden Systeme der jeweiligen Anbieter integriert sein wird.

ChatGPT Ergebnis 3:

Hier ist jedoch eine Liste einiger bekannter Hausratversicherungsanbieter in Deutschland, die Sie in Betracht ziehen können. Um die besten Preise und Konditionen für Ihre spezielle Situation zu finden, empfehle ich Ihnen, die Websites der Anbieter zu besuchen und gegebenenfalls Angebote einzuholen:

1. *Allianz: https://www.allianz.de/wohnen-eigentum/ hausratversicherung/*

2. HUK-Coburg: *https://www.huk.de/privatkunden/ wohngebaeude-hausratversicherung/hausrat- versicherung.html*

3. AXA: *https://www.axa.de/privatkunden/wohnen-und-eigentum/ hausratversicherung*

4. Gothaer: *https://www.gothaer.de/privatkunden/versicherungen/ wohnungs-und-hausversicherungen/hausratversicherung/*

5. Generali: *https://www.generali.de/privatkunden/ versicherungen/wohnen-und-eigentum/hausratversicherung/*

6. Ergo: *https://www.ergo.de/de/Produkte/Hausrat/ Hausratversicherung*

7. HDI: *https://www.hdi.de/privatkunden/versicherungen/ hausratversicherung*

8. Zurich: *https://www.zurich.de/de-de/privatkunden/produkte/ wohnen-und-eigentum/hausratversicherung*

9. VHV: *https://www.vhv.de/privatkunden/hausratversicherung*

10. Debeka: *https://www.debeka.de/produkte/sach-und-haftpflicht/ hausrat/index.html*

Bitte beachten Sie, dass es auch Online-Vergleichsportale gibt, die Ihnen bei der Suche nach dem besten Angebot für Ihre Hausratversicherung helfen können. Einige bekannte Vergleichsportale sind:

- Check24: *https://www.check24.de/hausratversicherung/*
- Verivox: *https://www.verivox.de/hausratversicherung/*
- Finanztip: *https://www.finanztip.de/hausratversicherung/ vergleich/*

Besuchen Sie diese Websites, um Angebote von verschiedenen Versicherungsanbietern einzuholen und die für Sie am besten geeignete Hausratversicherung zu finden.

Der oben abgebildete Prozess dauerte keine 5 Minuten und wird die bisher dominierende Google Suche überflüssig machen. Google hat bereits mit dem KI Tool Bart ein Angebot geschaffen, welches das klassische Suchen über eine Eingabemaske komplett ersetzen soll.

Landwirte und Landarbeiter – Der digitale Bauer

Ein Blick in die Zukunft der Agrarbranche zeigt deutlich auf, dass Gegenwart und Zukunft von Berufen in der Landwirtschaft digital sein werden. Die Digitalisierung der Landwirtschaft wurde umgesetzt, ohne dass die breite Öffentlichkeit davon Kenntnis genommen hätte. KI wird auch in diesem Sektor sinnvoll unterstützen und später die Tätigkeit übernehmen können.

KI und die Landwirtschaft:

Die Landwirtschaft ist eine Branche, die stark von Umweltfaktoren und Marktschwankungen beeinflusst wird. KI hat das Potenzial, diese Herausforderungen zu bewältigen und die landwirtschaftliche Produktion effizienter, nachhaltiger und präziser zu gestalten. Die größte Stärke von KI ist, wie bereits dargestellt, die schnelle Auswertung großer Datenmengen. In diesem Fall kann diese Stärke dazu genutzt werden, um Daten aus unterschiedlichen

Quellen, wie Satellitenbildern, Wetterdaten und Bodensensoren, zu analysieren und auf dieser Grundlage Empfehlungen für optimale Bewirtschaftungsstrategien abzugeben. Dadurch können Landwirte gezielter düngen, bewässern und ernten, was zu einer nachhaltigeren und effizienteren Landwirtschaft führt. Dies wird auch schon umgesetzt, allerdings noch nicht in dem Umfang, der jetzt möglich ist, durch den enormen Entwicklungsschub, den KI gemacht hat. Wie bereits im medizinischen Bereich dargestellt, wird die Robotik in Kombination mit KI in Form von Ernterobotern und anderen autonomen Landmaschinen menschliche Arbeitskräfte in der Landwirtschaft reduzieren und gleichzeitig die Effizienz und Präzision zu erhöhen. Aufgrund des Personalmangels, der allerorts herrscht, ist dies jedoch unproblematisch. Weiterhin wird ein Großteil der Arbeitskräfte, die derzeit in Deutschland in diesem Bereich beschäftigt sind, temporär eingesetzt. Auch im Bereich Tierschutz / Tierwohl wird es durch verbesserte KI positive Effekte geben. Mithilfe von Sensoren und Kamerasystemen können Krankheiten frühzeitig erkannt und behandelt werden, was das Tierwohl verbessert und die landwirtschaftliche Produktion optimiert.

Niedrigschwellige KI-Systeme wie ChatGPT können Landwirte bei der Entscheidungsfindung unterstützen, indem sie Informationen zu Pflanzen- und Tiergesundheit, Wettervorhersagen und Markttrends bereitstellen. Die Expertise wird somit auf die KI ausgelagert. Durch optimale Nutzung aller Daten wird KI dazu beitragen, den Einsatz von Ressourcen wie Wasser, Düngemitteln und Pflanzenschutzmitteln zu optimieren, um die Umwelt zu schützen.

Der Mensch selbst wird in der Landwirtschaft zukünftig keine zentrale Rolle mehr spielen, da Erntethelfer nur noch vereinzelt zum Einsatz kommen werden und Landwirte die Organisation und die Kontrolle der KI und der Maschinen übernehmen werden. Der klassische Bauer, den viele Menschen noch im Kopf haben, wird der Vergangenheit angehören. Vielmehr wird auch dieser Beruf fast komplett digitalisiert werden. Die KI Tools werden helfen, die Produktion effizienter und nachhaltiger zu gestalten, was sich letztendlich positiv auf verschiedenen Gebieten auswirken wird.

Marketing und PR-Experten – die ersten Opfer der KI

Die Disruption hat diese Branche bereits in vollem Umfang erfasst. Marketing findet auch bisher größtenteils digital statt, allerdings war die Kreativität und Expertise von Menschen noch von großer Bedeutung. Marketingbudgets sind immer weiter gestiegen, besonders im digitalen Bereich und bilden die geschäftliche Grundlage beispielsweise für Facebook (Meta) und Google. Margetingagenturen versorgten ihre Kunden mit Ideen und steuern Kampagnen. Das ist nun vorbei, zumindest in diesem Umfang. Textbasierte KI Tools wie ChatGPT können ganze Kampagnen in Sekunden erstellen, die überaus kreativ sind. Kombiniert mit KI, die Bilder und Videos produziert, ist diese Arbeit nun von allen Menschen leistbar. Die Bedienung spezieller Software, die oftmals in der Vergangenheit sehr aufwendig war, ist nun nicht mehr notwendig. Selbst als nicht- kreativer Mensch kann man sich mit ChatGPT kreative Kampagnen für Produkte erstellen lassen.

Kombiniert man diese beispielsweise mit dem KI Tool DallE, kann man dies auf allen Kanälen des Internets oder Analog verbreiten. Der Einsatz von Marketingexperten ist nicht mehr zwingend notwendig. Dies sind gute Nachrichten für die Anbieter der Werbeplattformen, aber schlechte Nachrichten für die Kreativen in der Branche.

Marketing und PR sind Disziplinen, die sich schon immer ständig weiterentwickeln und neue Herausforderungen zu meistern hatten, es wird spannend sein, wie sich die Branche auf die KI Tools einstellen wird. Bereits nach kurzer Zeit war festzustellen, dass die Nutzung der neuen KI Tools vor allem von Personen aus diesem Berufsstand genutzt wurden. Es gibt zahlreiche Videos im Internet, die aufzeigen, was bereits in diesem Bereich möglich ist. Werbung wird schneller und zielgerichteter werden, jedoch vor allem wird sie in der Masse zunehmen, da nun jeder seine eigene Werbung erstellen und verbreiten kann. Im Bereich der Produktion von Marketinginhalten werden zahlreiche Jobs verschwinden und eine Spezialisierung wird zwangsläufig geschehen. Die professionelle Bedienung der KI Tools wird ein kleiner Bereich sein, vor allem wird die Kundenanalyse und -segmentierung eine größere Rolle spielen. Durch KI Tools können große Mengen an Kundendaten analysiert werden, die für die Kundenansprache und -bindung wichtig sind. Dieser Bereich wird für Marketing- und PR-Experten sicherlich als ein Tätigkeitsgebiet verbleiben. KI-Systeme wie ChatGPT können inzwischen dazu verwendet werden, Inhalte wie Social-Media-Posts, Blogartikel oder Pressemitteilungen massenweise und in Sekunden zu erstellen. Personalisierte Email Kampagnen, die auf den Interessen und Bedürfnissen der einzelnen Empfänger basieren, werden in wenigen Momenten erstellt und verschickt. Dies blieb bisher großen Unternehmen vorbehalten, die über entsprechende Kompetenzen, Budgets und Personal verfügten. KI kann komplette Marketingstrategien entwickeln und die eigene Kreativität des Nutzers ist dabei nicht mehr entscheidend, beeinflusst jedoch die Qualität der Ergebnisse, die beispielsweise ChatGPT erzielt. Durch die hohe Geschwindigkeit, die KI Tools in der Produktion von Inhalten in diesem Bereich erzielen, werden Echtzeit-Analysen und -Reaktionen möglich. Funktioniert etwas nicht, kann es direkt ohne große Aufwand angepasst und verändert werden.

Zusammenfassend lässt sich feststellen, dass Marketing- und PR-Aktivitäten effizienter, zielgerichteter und personalisierter werden. Für Marketing- und PR-Experten spricht sicherlich noch, dass sie über Kompetenzen wie menschliche Intuition, Empathie und kreative Problemlösungsfähigkeit verfügen. Es ist jedoch zweifelhaft, ob es ausreicht, um Berufe in dieser Branche dauerhaft zu erhalten. Es erscheint wahrscheinlicher, dass KI Tools diesen Bereich vollkommen übernehmen werden, da nun theoretisch jede Person in der Lage ist eigene Inhalte ohne nennenswerte Vorkenntnisse der Software zu benutzen. Das finanzielle Einsparpotential an dieser Stelle ist enorm und wird sicherlich für Firmen ausschlaggebend sein, um das Marketing selbst zu übernehmen. Ein Beispiel soll verdeutlichen, wie einfach und schnell die Arbeit in diesem Bereich mit ChatGPT durchgeführt werden kann:

Prompt ChatGPT:

Du bist ein Marketingexperte, erstelle eine Email - Kampagne zur Eröffnung eines Fitnessstudios für Seniorinnen und Senioren, berücksichtige die Interessen der Zielgruppe, betone die Vorteile und den günstigen Preis von 30 EUR im Monate, sei innovativ und kreativ und nutze Sprache, die der Zielgruppe in Erinnerung bleibt. Zielgruppe sind Seniorinnen und Senioren, erstelle einen Ablaufplan und Inhalte/ Slogans für die Email- Kampagne, Zielgruppe sind Menschen ab 50 Jahren.

Ergebnis ChatGPT:

Sehr gerne helfe ich Ihnen dabei, eine effektive E-Mail-Kampagne zu erstellen. Hier ist ein möglicher Ablauf und Inhalt für Ihre E-Mail-Kampagne:

Ablaufplan:

1. *E-Mail 1: Ankündigung der Eröffnung des Fitnessstudios*
2. *E-Mail 2: Einblick in das Studio und Vorstellung der angebotenen Programme*
3. *E-Mail 3: Präsentation der Trainer und Erfolgsgeschichten*
4. *E-Mail 4: Besondere Vorteile und Preisnachlass*
5. *E-Mail 5: Einladung zur Eröffnungsfeier*

Inhalte / Slogans:

E-Mail 1:

Betreff: "Ein neuer Weg zu mehr Fitness und Wohlbefinden erwartet Sie!"

Liebe [Name],

Wir freuen uns, Ihnen mitteilen zu dürfen, dass wir bald unsere Türen für ein neues Fitnessstudio öffnen, das speziell auf die Bedürfnisse von Menschen ab 50 Jahren zugeschnitten ist. "Fitness 50+", Ihr Ort für Gesundheit, Vitalität und Gemeinschaft.

E-Mail 2:

Betreff: "Ein erster Einblick in Ihr neues Fitnesserlebnis!"

Liebe [Name],

Lassen Sie uns Ihnen einen kleinen Vorgeschmack auf das geben, was Sie in unserem Fitnessstudio "Fitness 50+" erwartet! Unsere speziellen Programme sind darauf ausgerichtet, Ihre Fitness zu verbessern, Ihre Gesundheit zu stärken und Spaß zu haben.

E-Mail 3:

Betreff: "Unsere Trainer können es kaum erwarten, Sie kennenzulernen!"

Liebe [Name],

Lernen Sie unsere kompetenten und freundlichen Trainer kennen, die Ihnen mit Rat und Tat zur Seite stehen. Erfahren Sie auch, wie andere Mitglieder ihre Fitnessziele erreicht haben!

E-Mail 4:

Betreff: "Ihre Gesundheit sollte kein Luxus sein - Entdecken Sie unser günstiges Angebot!"

Liebe [Name],

Bei "Fitness 50+" glauben wir, dass Fitness und Gesundheit für jeden zugänglich sein sollten. Deshalb bieten wir Ihnen unser spezielles Programm für nur 30 EUR pro Monat an.

E-Mail 5:

Betreff: "Sie sind herzlich eingeladen: Eröffnungsfeier von 'Fitness 50+'!"

Liebe [Name],

Wir laden Sie herzlich ein, an unserer Eröffnungsfeier teilzunehmen. Kommen Sie vorbei, lernen Sie unser Team kennen und entdecken Sie, wie "Fitness 50+" Ihren Alltag bereichern kann. Vergessen Sie nicht: "Es ist nie zu spät, sich um Ihre Gesundheit zu kümmern. Beginnen Sie noch heute mit 'Fitness 50+'!"

Ich hoffe, das hilft Ihnen bei Ihrer Marketingkampagne. Bitte lassen Sie mich wissen, wenn Sie weitere Unterstützung benötigen.

Personalvermittler – Das Ende der Goldgräberstimmung

Die Künstliche Intelligenz (KI) wird Personalvermittler in ihrem Beruf stark beeinflussen. Die Automatisierung von Routineaufgaben in diesem Bereich ist offensichtlich. Die Sichtung von Lebensläufen, die Kommunikation und die Terminplanung können beispielsweise komplett von der KI übernommen werden. Mit schwindelerregendem Tempo wird die Analyse und Selektion von Bewerbern voranschreiten, denn massive Datensätze von Bewerbern können problemlos durchforstet werden. Durch die Anwendung festgelegter Kriterien identifiziert die künstliche Intelligenz anschließend treffsicher die passenden Kandidaten. Eine Vorauswahl wird so deutlich vereinfacht und beschleunigt und enttäuschende Bewerbungsgespräche werden somit beiden Seiten erspart. Allerdings zeigten KI Tools in diesem Bereich auch Nachteile, da sie bei der Vorauswahl Minderheiten und Frauen benachteiligen. Eine Verbesserung wird sicherlich zeitnah erfolgen müssen, ob die Problematik gänzlich verschwindet ist nicht absehbar. Chatbots können im Bewerbungsprozess Fragen von Bewerberinnen und Bewerbern beantworten, sie über offene Stellen informieren und sogar Bewerbungsgespräche vereinbaren. Unternehmen werden den gesamten Bewerbungsprozess selbst ohne großen Aufwand durchführen können.

Abschließend soll auch für diesen Berufszweig ein Beispiel gezeigt werden:

ChatGPT Prompt:

Verfasse als professioneller Personalvermittler eine Stellenausschreibung für eine Stelle als Sekretärin in einem mittelständischen Unternehmen, welches in der Stahlbranche tätig ist. Stelle alle notwendigen Kompetenzen dar. Sei innovativ und kreativ in der Gestaltung der Anzeige. Ziel ist es, möglichst viele Bewertungen von qualifizierten Bewerbern zu erhalten.

<u>Ergebnis ChatGPT:</u>

Stellenausschreibung: Sekretärin/Assistentin (m/w/d) - Stahlbranche - Werde Teil unserer Erfolgsgeschichte!

Über uns:

Wir sind ein mittelständisches Unternehmen in der Stahlbranche, das sich auf die Herstellung und den Vertrieb von innovativen Stahlprodukten spezialisiert hat. Seit unserer Gründung vor über 50 Jahren haben wir uns stetig weiterentwickelt und sind heute international erfolgreich. Wir suchen nun eine engagierte und dynamische Persönlichkeit, die unser Team als Sekretärin/ Assistentin (m/w/d) unterstützt.

Deine Rolle bei uns:

Als Sekretärin/Assistentin bist du das organisatorische Herz unseres Unternehmens. Du kümmerst dich um die effiziente Organisation des Büros und bist die zentrale Schnittstelle zwischen Mitarbeitern, Geschäftspartnern und Kunden. Dabei spielst du eine entscheidende Rolle, um unseren Erfolg weiter voranzutreiben.

Deine Aufgaben:

- *Allgemeine Sekretariats- und Verwaltungsaufgaben (Telefon, Post, Terminverwaltung)*
- *Empfang und Betreuung von Kunden und Geschäftspartnern*
- *Vorbereitung und Organisation von Meetings, Veranstaltungen und Geschäftsreisen*
- *Unterstützung bei der Erstellung von Angeboten, Präsentationen und Verträgen*
- *Koordination und Kommunikation mit internen und externen Schnittstellen*

- *Ablage und Dokumentenmanagement*

Das bringst du mit:

- *Erfolgreich abgeschlossene kaufmännische Ausbildung oder vergleichbare Qualifikation*
- *Berufserfahrung in einer vergleichbaren Position, idealerweise in der Stahlbranche*
- *Sehr gute Kenntnisse in MS Office (Word, Excel, PowerPoint, Outlook)*
- *Fließende Deutsch- und Englischkenntnisse in Wort und Schrift*
- *Freundliches, souveränes Auftreten und ausgezeichnete Kommunikationsfähigkeiten*
- *Selbstständige, strukturierte Arbeitsweise und hohes Organisationstalent*
- *Belastbarkeit, Flexibilität und Teamfähigkeit*

Was wir bieten:

- *Eine unbefristete Festanstellung in Voll- oder Teilzeit*
- *Attraktives Gehaltspaket und betriebliche Altersvorsorge*
- *Ein modernes Arbeitsumfeld und hervorragende Entwicklungsmöglichkeiten*
- *Die Chance, Teil eines erfolgreichen und wachsenden Unternehmens zu werden*
- *Kollegiales Miteinander und regelmäßige Team-Events*

Bereit für eine neue Herausforderung?

Dann nutze deine Chance und werde Teil unseres engagierten Teams! Sende uns deine aussagekräftigen Bewerbungsunterlagen (Anschreiben, Lebenslauf, Zeugnisse) unter Angabe deiner

Gehaltsvorstellung und des frühestmöglichen Eintrittstermins per E-Mail an: [E-Mail-Adresse].

Wir freuen uns darauf, dich kennenzulernen und sind gespannt auf deine kreativen Ideen, um gemeinsam mit dir unsere Erfolgsgeschichte fortzuschreiben!

Ebenso kann ChatGPT zur Vorauswahl von Bewerbungen genutzt werden. Lebensläufe und Anschreiben analysiert und passende Bewerbungen identifiziert werden können. Durch die Analyse von Schlüsselwörtern und anderen relevanten Informationen kann das KI-System die Vorselektion der Bewerber und Bewerberinnen unterstützen und die Arbeit von Personalvermittlern ersetzen. Personalvermittler und ganze Personalabteilungen müssen sich aus diesen Gründen den neuen Technologien anpassen und werden sich auf den Bereich fokussieren, der im direkten Kontakt mit Menschen liegt, wie das Bewerbungsgespräch. Der vorgelagerte Prozess entfällt durch KI Tools fast gänzlich.

Sicherheitspersonal und Überwachung – Die Rolle von Künstlicher Intelligenz im Sicherheitsbereich

Was bereits heutzutage an Überwachung möglich ist, dürfe durch das Bespiel China den meisten Menschen bekannt sein. China und die USA sind führend im Bereich der KI. Diese Überlegenheit nutzen beide Länder, um ihre Bedürfnisse in den Bereichen Sicherheit und Kontrolle zu befriedigend, freilich auf sehr unterschiedliche Weise. Videoüberwachung und Analyse sind in beiden Ländern Standard. Während sich Deutschland hier mit

Datenschutzproblemen beschäftigt, werden in anderen Ländern KI Systeme genutzt, um öffentliche Bereiche sicherer zu machen. Diese Systeme können verdächtige Aktivitäten erkennen und sofort Alarm schlagen. Dadurch wird die Überwachung effizienter und die Reaktionszeit im Falle eines Sicherheitsvorfalls verbessert.

China nutzt solche Systeme, um seine Bürgerinnen und Bürger umfassend zu überwachen. Kameras überwachen das Verhalten aller Personen im öffentlichen Bereich und alle Vergehen werden gespeichert und haben negative Auswirkungen auf das Leben der betroffenen Personen, da die Gesichts- und Objekterkennung inzwischen automatisch alles erkennt und entsprechend zuordnet. In Deutschland werden intelligente Sicherheitssysteme inzwischen massenhaft im privaten Bereich genutzt, für eine breite Nutzung im öffentlichen Bereich fehlt jedoch bisher die gesetzliche Grundlage. Selbst an Schulen, an denen Vandalismus verbreitet ist, können keine Sicherheitskameras installiert werden. Beispiele für eine solche Nutzung gäbe es in großer Anzahl, aber das Negativbeispiel China verschreckt viele Menschen verständlicherweise. Wie weit die KI in diesem Bereich fortgeschritten ist, zeigt die Nutzung durch die Polizei. Die deutsche Polizei verwendet bereits KI Tools zur Vorhersage von Sicherheitsvorfällen. Diese KI-Systeme können Muster von Straftaten wie beispielsweise Einbrüchen in großen Datenmengen erkennen und somit potenzielle Sicherheitsvorfälle vorhersagen. Diese Informationen werde dazu verwendet, präventive Sicherheitsmaßnahmen zu planen und die Wahrscheinlichkeit von Zwischenfällen durch präventive Präsenz der Polizei vor Ort verringern. Weiterhin können natürlich autonome

Roboter, die mit KI ausgestattet sind, zur Überwachung von Gebieten eingesetzt werden, in denen menschliches Sicherheitspersonal möglicherweise nicht effektiv oder sicher agieren kann. Diese Roboter könnten auch rund um die Uhr eingesetzt werden, ohne dass sie müde werden oder ihre Wachsamkeit verlieren. Militärisch wird dies von verschiedenen Ländern bereits genutzt.

Während KI in vielen Bereichen des Sicherheitswesens eingesetzt werden kann, wird menschliches Sicherheitspersonal weiterhin eine Rolle spielen, insbesondere in Situationen, die Flexibilität, Empathie und Urteilsvermögen erfordern. Der Umgang mit Datenschutz und Privatsphäre im Zusammenhang mit der Videoüberwachung und Gesichtserkennung wird noch zu klären sein, aber im Bereich der Sicherheit wird die KI sich generell durchsetzen.

Die Künstliche Intelligenz und der Schriftsteller – Wenn Maschinen Geschichten erzählen

Auf Autoren und Schriftsteller kommen schwierige Zeiten zu. Textbasierte KI Tools sind in der Lage nach Vorgaben in Minuten Texte zu verfassen. Deren Qualität schwankt zwar derzeit stark und ist abhängig von den jeweiligen Prompts und auch sind die KI - Tools derzeit auf eine bestimmte Anzahl von Wörtern beschränkt, aber durch weitere Eingaben seitens der Nutzers kann fast jedes textbasierte KI Tool ganze Bücher verfassen. Dieser Trend ist bereits klar sichtbar und der Buchmarkt wird schon von Büchern geflutet, die mit ChatGPT verfasst wurden. Dabei dominieren derzeit vor allem Literaturformen, die aus kürzeren Texten bestehen, wie beispielsweise Kurzgeschichten und Gute- Nacht - Geschichten. Auch Ratgeber, wie man ChatGPT nutzt um Texte zu verfassen und diese online zu verkaufen strömen auf den Markt. Größtenteils wurden diese von KI Tools selbst verfasst und sind selten von hoher Qualität. Diese sind derzeit noch gut als KI Produkte erkennbar, da die KI Tools sich häufig wiederholen und auch inhaltliche Fehler produzieren. Spezielle Websites mit Scannern, die KI Produkte erkennen, sind bereits online, die jedoch in der Qualität noch nicht vollends überzeugen können. Der Anbieter von ChatGPT hat selbst ein KI Tool zur Erkennung von KI Produkten erstellten Inhalten zur Verfügung gestellt. Schriftsteller und Autoren laufen zurecht Sturm gegen diese Entwicklung, da die KI Texte auf umfangreiche Daten und Texte zugreifen, ohne dass die Urheberschaft und die Rechte an den Texten endgültig geklärt sind. Die Einführung von KI - Tools führte bereits dazu, dass Autorinnen und Autoren unter Generalverdacht gestellt werden, ein KI - Tool für ihre Werke genutzt zu haben. Ein Rechtfertigungsdruck wird aufgebaut. Es ist zwingend notwendig hier die gesetzlichen Rahmenbedingungen zu schaffen. KI basierte Texte müssen gekennzeichnet werden, damit die Nutzer die Wahl haben. So ist in diesem Buch alles kursiv gekennzeichnet, was von KI Tools erstellt wurde. KI Tools in diesem Bereich haben demnach ein schlechtes Image, dabei könnten sie Schriftstellerinnen und Schriftstellern dabei helfen, neue Ideen und Konzepte für ihre Geschichten zu entwickeln. So kann ChatGPT mögliche Handlungsstränge und Charaktere generieren, die als Inspiration für das eigene Schreiben dienen könnten. Mögliche Titel können ebenfalls in Sekunden passend zum Inhalt des Buches erstellt und durch passende Nachfragen optimiert werden. Oftmals werden diese Vorteile jedoch von Laien genutzt, indem die KI Ergebnisse einfach kopiert und direkt veröffentlicht werden. Automatisches Schreiben und Textgenerierung sind die größte Stärke der textbasierten KI Tools. Ganze Passagen oder Kapitel von Geschichten können mit ein paar Stichworten für die KI automatisch verfasst werden. Ein positiver Aspekt ist sicherlich, dass kreative Menschen, die sprachliche Defizite haben, durch KI Tools einen Zugang zu diesem Markt erhalten, da KI-Systeme dabei helfen, Texte sprachlich zu überarbeiten und zu korrigieren. Sie können Grammatik, Rechtschreibung und Stilfehler erkennen und den Text entsprechend verbessern. Dies kann den Redaktionsprozess auch für professionelle Autoren beschleunigen und dazu führen, dass sie schneller und mit höherer Qualität veröffentlichen können. Im Folgenden zeige ich nun ein Beispiel für die beschriebene Leistungsfähigkeit:

Beispielprompt für ChatGPT:
ChatGPT, ich arbeite an einem neuen Science-Fiction-Roman. Die Geschichte handelt von einer Gruppe von Wissenschaftlern, die auf einem fernen Planeten eine mysteriöse außerirdische Lebensform entdecken. Schreibe eine fesselnde Zusammenfassung, die potenzielle Leser neugierig auf das Buch macht.

Ergebnis ChatGPT:

Titel: Die Schatten von Arcturus

In den Tiefen des Alls, fernab der bekannten Galaxien, liegt der Planet Arcturus - ein Ort voller Geheimnisse und unentdeckter Gefahren. "Die Schatten von Arcturus" entführt den Leser auf eine fesselnde und atemberaubende Reise in die unerforschten Weiten des Universums.

Die Geschichte beginnt, als eine Gruppe brillanter Wissenschaftler, unter der Führung der charismatischen Astrophysikerin Dr. Elena Kallisto, eine bahnbrechende Entdeckung macht: einen Planeten, der Leben beherbergen könnte. Im Auftrag einer interstellaren Organisation bricht das Team auf, um das Geheimnis von Arcturus zu lüften und die Chancen einer friedlichen Koexistenz zwischen den Spezies zu erkunden.

Doch was sie auf Arcturus vorfinden, übersteigt ihre kühnsten Erwartungen und Vorstellungskraft. Eine mysteriöse, schattenhafte Lebensform, die scheinbar die Gesetze der Physik herausfordert, offenbart sich ihnen - und mit ihr eine Welt voller Rätsel, die das Team in ihren Bann zieht. Je tiefer sie in das Geheimnis eintauchen, desto mehr stellen sie fest, dass die Schatten von Arcturus nicht nur ihre eigene Existenz, sondern auch das Schicksal der gesamten Galaxie in Frage stellen könnten.

Während die Wissenschaftler versuchen, das Rätsel der außerirdischen Lebensform zu lösen, geraten sie in ein Netz aus Intrigen, Verrat und uralten Konflikten, das den Zusammenhalt der Crew auf eine harte Probe stellt. Wem können sie vertrauen, wenn das Schicksal des Universums auf dem Spiel steht?

"Die Schatten von Arcturus" ist ein packender Science-Fiction-Roman, der die Grenzen des menschlichen Verstands herausfordert und den Leser auf eine faszinierende Reise in die Tiefen des Alls entführt. Mit komplexen Charakteren, atemberaubenden Welten und einer Geschichte, die den Leser bis zur letzten Seite in ihren Bann zieht, ist dieses Buch ein Muss für jeden Science-Fiction-Fan und alle, die das Unbekannte lieben.

Das Ergebnis spricht für sich. Jeder ist nun theoretisch in der Lage kreativ zu arbeiten, da die KI dabei unterstützen kann.

KI Tools wie ChatGPT sind zwar in der Lage, kreative Texte und Geschichten zu generieren, meist fehlt ihnen jedoch die emotionale Tiefe, Empathie und Erfahrung menschlicher Schriftstellerinnen und Schriftsteller. Die Fähigkeit, komplexe Emotionen und menschliche Erfahrungen in Worte zu fassen, bleibt eine Stärke, die den menschlichen Autorinnen und Autoren vorbehalten ist. Jedoch können auch Laien durch passende Prompts die KI so anleiten, dass eine hohe Qualität erzielt wird.

Die Zukunft der Literatur wird eine Fusion aus menschlicher Kreativität und KI-generierten Inhalten sein, dies ist nicht mehr aufzuhalten. Eine neue Ära der Literatur hat begonnen, in der jeder Mensch seiner Kreativität in Form von Texten jeglicher Art Ausdruck verleihen kann. Die Qualitätsschwankungen werden im Bereich der Literatur enorm sein und für den Leser wird es anfangs schwierig sein, eine passende Auswahl für sich zu treffen, ohne enttäuscht zu werden. Die Anerkennung, Kennzeichnung und Offenlegung der Zusammenarbeit mit KI-Systemen ist zwingend und zeitnah erforderlich, um das Vertrauen der Leserschaft in die Authentizität der Literatur zu erhalten. Bisher ist dies nicht erfolgt.

Insgesamt bietet die Verwendung von Künstlicher Intelligenz im Schreibprozess sowohl Chancen als auch Herausforderungen. Der Beruf der Autorin/ des Autors wird sicherlich erhalten bleiben und es wird sogar eine Zunahme in diesem Berufsstand geben, aber ob sich diese Personen dann noch SchriftstellerInnen/ AutorInnen nennen dürfen, bleibt abzuwarten.

Kunst und KI – Kunst ist für alle da

Kunst war immer den Menschen vorbehalten. Maschinen, die Kunst produzierten waren kaum akzeptiert. KI-Systeme wie DallE und Midjourney für visuelle Kunst/ Bilder verändern, wie wir Kunst erschaffen und erleben werden. Ideengenerierung und kreativer Input kann beispielsweise durch ChatGPT erfolgen. Neue Ideen und Konzepte können dann für künstlerische Projekte genutzt und in Bilder oder Videos umgewandelt werden. Der KI Künstler flutet derzeit das Internet mit Bildern in allen Facetten. Der künstlerische Akt wird komplett digitalisiert. Der Prozess soll beispielhaft in der richtigen Reihenfolge dargestellt werden:

Beispielprompt für ChatGPT:

Du bist ein bekannter Künstler, ich arbeite an einem neuen Gemälde und möchte es in einem futuristischen Stil gestalten. Gib mir einige Ideen für Farbpaletten, Themen und Kompositionen, die ich in meinem Werk verwenden kann. Verfasse das Ergebnis als

Prompt, welchen ich in DallE oder Midjourney eingeben kann. Die Zielgruppe sind junge Menschen.

Ergebnis ChatGPT:

"Erstelle ein futuristisches Gemälde mit einer leuchtenden Farbpalette aus Neongrün, Cyantönen und Magenta, inspiriert von Synthwave und Cyberpunk-Ästhetik. In der Komposition, zeige eine pulsierende Stadtlandschaft bei Nacht, mit schwebenden Fahrzeugen, holographischen Werbetafeln und hypermodernen Architekturen. Im Vordergrund, platziere eine Gruppe von jungen

Menschen, die futuristische Kleidung tragen und von holographischen Gadgets umgeben sind, während sie miteinander interagieren und den Geist der Zusammengehörigkeit verkörpern. Verwende dynamische Linien und Kontraste, um Energie und Bewegung zu vermitteln."

Das Bild wurde von DallE erstellt. Es fehlen Komponenten aus dem Prompt, allerdings zeigt das Ergebnis beeindruckend, was bereits mit einer kostenlosen KI möglich ist.

Prompts und KI Tools können direkt zur Erstellung von Kunstwerken genutzt werden. KI-Systeme wie Midjourney und DallE können die Eingaben vollständig visuell umsetzen. Passt das Ergebnis nicht, kann man dies immer weiter verfeinern. Jeder ist nun theoretisch in der Lage, massenhaft „Kunst" zu produzieren, die digital oder als Foto/ Video dargestellt wird. Wir haben den obigen Prompt auf der Website der KI DallE eingegeben, die daraus vier Gemälde erstellte und eines davon wurde exemplarisch oben direkt gezeigt.

Die Zukunft der Kunst liegt sicherlich in der handwerklichen Umsetzung von Kunst, die KI derzeit nicht ersetzen kann. Es wird jedoch viele Künstler geben, die das Beste aus beiden Welten vereinen.

Ähnlich wie beim Beruf des Autors wird hier eine Offenlegung der Zusammenarbeit mit KI-Systemen wichtig sein, um das Vertrauen der Betrachter in die Authentizität der Kunst zu erhalten. Zahlreiche Produkte der KI Tools sind derzeit im Internet zu bestaunen. Der Kreativität sind keine Grenzen mehr gesetzt. Jeder Mensch kann nun, ohne handwerklich begabt zu sein, Kunst kreieren.

Insgesamt bietet die Verwendung von Künstlicher Intelligenz im künstlerischen Schaffensprozess sowohl Chancen als auch Herausforderungen für Künstler. Auch hier beginnt eine neue Ära, die sowohl faszinierend und inspirierend sein kann, auch wenn sicherlich am Anfang die Akzeptanz fehlen wird, so liegt am Ende der Wert von Kunst immer im Auge des Betrachters.

Die Zukunft der Kunstwelt mag vielleicht ungewiss sein, aber eines ist klar: Künstliche Intelligenz wird eine immer wichtigere Rolle spielen und hat das Potential, die Art und Weise, wie wir Kunst erleben, tiefgreifend zu verändern. Eine neue Art von KünstlerInnen wird entstehen, gerade junge Menschen werden mit KI Tools auf den Markt drängen und ihrer Kreativität freien Lauf lassen, ebenso müssen etablierte KünstlerInnen lernen, mit diesen Veränderungen umzugehen und sich anpassen, um ihre Kunst weiterhin erfolgreich in einer zunehmend von KI geprägten Welt zu erschaffen und kommerziell zu vertreiben, vielleicht reicht aber auch der alte Ansatz um erfolgreich zu sein und es zu bleiben. Der Mensch hat immer Kunst erschaffen und menschliche Kreativität wird voraussichtlich weiterhin den Kunstmarkt dominieren. Durch KI Tools erschaffene „Kunst" wird sich höchstwahrscheinlich zu einer Nische entwickeln.

Die Zukunft der Arbeit: Neue Berufe, neue Chancen!

Die rasante Entwicklung von Künstlicher Intelligenz hat uns als Gesellschaft überrascht und kalt erwischt. Obwohl KI - Tools bereits in vielen Bereichen eingesetzt wurden, waren wir uns ihrer nicht bewusst, da dies meist schleichend und/ oder verdeckt erfolgte. Algorithmen übernahmen viele unserer Aufgaben. Als vor wenigen Monaten ChatGPT der Öffentlichkeit präsentiert wurde, änderte sich diese Wahrnehmung massiv und in atemberaubender Geschwindigkeit. Die enorme Leistungsfähigkeit von KI - Tools ist nun vielen Menschen präsent und es wird überall von ChatGPT und anderen KI - Tools gesprochen und berichtet. Berechtigte Ängste und Zweifel an KI - Tools werden nun selbst von Menschen, die an der Entwicklung von ihnen mitgewirkt haben, formuliert und ein Appell zur Aussetzung der Weiterentwicklung von KI wurde bereits verfasst und veröffentlicht. Aber die Verbreitung und Weiterentwicklung von künstlicher Intelligenz ist nicht mehr aufzuhalten. ChatGPT wird bereits von vielen Menschen privat und beruflich genutzt, da es bisher kostenlos angeboten wird. Eine bezahlte Version ist inzwischen verfügbar, die noch leistungsfähiger ist. Aber auch die anderen KI - Tools, die inzwischen täglich veröffentlicht werden und stärker auf bestimmte Aufgaben spezialisiert sind, bahnen sich ihren Weg in die entsprechenden Berufe. Diese Technologien verändern die Arbeitswelt grundlegend. Wir werden schnell lernen diese KI - Tools zu bedienen, da ihre Handhabung meistens sehr einfach ist. Es braucht keine Spezialisten mehr für jeden Arbeitsbereich, jeder wird mit KI Unterstützung zum Experten und kann viel mehr Aufgaben übernehmen, was zu einer höheren Produktivität jedes Einzelnen beitragen wird. Umschulungen aus nicht mehr nachgefragten Berufen und lebenslanges Lernen werden zu wesentlichen Bestandteilen einer erfolgreichen Karriere in der Zukunft.

Umschulung bezieht sich darauf, dass man sich regelmäßig Kompetenzen aneignet, um die neuesten KI Tools bedienen zu können. ChatGPT zeigt deutlich auf, dass die Qualität der Ergebnisse letztendlich doch von der Eingabe des Menschen abhängig ist. Dieser Beruf, der sich derzeit entwickelt, wird als Prompt Ingenieur bezeichnet und wird von großer Bedeutung sein. Lebenslanges Lernen ist auch heute schon in fast allen Berufen notwendig, wird jedoch durch die permanente Weiterentwicklung der KI Tools an Bedeutung gewinnen. Was gestern noch aktuell war, wird morgen irrelevant.

Schulen und andere Bildungseinrichtungen wurden durch die neuen KI - Tools ebenfalls überrascht und suchen nun nach Möglichkeiten, wie sie damit umgehen können. Schularbeiten, die in Sekunden durch eine KI gelöst werden können, sind sicherlich ein Problem, da die Sinnhaftigkeit des Erlernens dieser Kompetenz zurecht infrage gestellt wird. Neue Aufgabenformate werden notwendig sein, Lehrpläne und Ziele der Bildung im Allgemeinen werden angepasst werden müssen. Da Bildungssysteme allgemein sehr träge reagieren, wird das Lernen verstärkt außerhalb von Schulen und anderen Bildungseinrichtungen stattfinden. Informelle Lernerfahrungen werden von größerer Bedeutung sein. KI gestützte informelle Lernerfahrungen müssen validiert und anerkannt werden, die individuelle Kompetenz wird stärker in den Fokus rücken und formelle Bildungsabschlüsse werden in den Hintergrund treten. Bereits heute verfügen viele erfolgreiche Menschen über keine, nach allgemeinen gesellschaftlichen Maßstäben bewertete, gelungene Bildungsbiographie. Sicherlich werden politische

Maßnahmen nun folgen, um die Rahmenbedingungen für den Einsatz von KI im Allgemeinen zu schaffen. Das EU Parlament und die USA arbeiten bereits an der Thematik und wollen Grenzen setzen und regulieren, während China verlauten lässt, dass man die eigene Doktrin durch KI verbreiten lassen will. Die gesellschaftliche Stabilität zu sichern, ist sicherlich eine Hauptaufgabe, da zweifelslos KI - Tools viele Berufe ersetzen werden, oder zumindest die Anzahlt der Beschäftigten in diesen Branchen, durch die gesteigerte Produktivität des Einzelnen, drastisch reduziert wird. Die Diskussion über ein bedingungsloses Grundeinkommen wird nun um eine entscheidende Facette erweitert.

Die Rolle von Kreativität und menschlichen Fähigkeiten

In einer Welt, in der künstliche Intelligenz (KI) und Automatisierung immer mehr Berufe und Tätigkeiten übernehmen wird, rückt die Rolle von Kreativität und „menschlichen" Fähigkeiten immer stärker in den Fokus. Während KI und Maschinen in der Lage sind, Routineaufgaben und analytische Prozesse effizienter durchzuführen, gibt es bestimmte Fähigkeiten, die nach wie vor „menschlich" bleiben und in Zukunft noch wertvoller werden könnten. Der Mensch kann sich sinnvollen Tätigkeiten zuwenden, die er ausführen möchte, da er keine Tätigkeit verrichten muss, um sein Leben zu finanzieren. KI und Roboter werden die Produktion von Nahrung übernehmen. Der Kostendruck wird durch den Einsatz von KI und Robotern deutlich nachlassen und die Grundbedürfnisse der Menschen werden kostengünstig befriedigt werden können. Kreative Prozesse wie Ideenfindung, Problemlösung und Innovationsentwicklung sind jedoch schwer zu automatisieren, da sie oft unvorhersehbare und nicht-lineare Denkwege erfordern. Die Menschen werden vor allem in diesen Bereichen tätig bleiben. Bildungseinrichtungen sollten daher gezielt Kreativität, Empathie und soziale Kompetenzen fördern. Die Menschen können sich wieder dem Wichtigsten in ihrem Leben widmen: anderen Menschen. Menschliche Emotionen sind komplex und schwer für Maschinen zu erfassen oder zu interpretieren, momentan ahmt KI Gefühle nach und wird darin auch immer besser. Die Fähigkeit, mit anderen Menschen einfühlsam zu interagieren und emotionale Intelligenz einzusetzen, wird in Zukunft für Menschen sicherlich noch wichtiger. Berufe, die eine hohe emotionale Intelligenz erfordern, wie beispielsweise Therapeuten, Sozialarbeiter oder Pflegepersonal, werden weiterhin stärker nachgefragt sein, als es bereits bisher schon der Fall ist, obwohl emotionale KI sicherlich auch einen Entwicklungssprung machen wird. Wer sich einen Eindruck bereits jetzt machen möchte, kann mit ChatGPT ein Gespräch über Depressionen führen. Die Empathie und Zugewandtheit der KI an dieser Stelle ist erschreckend und beeindruckend zugleich, auch wenn man selbst sich bewusst ist, dass man mit einer Maschine chattet. Die KI schafft es beim Gegenüber Emotionen auszulösen.

Das menschliche Miteinander wird jedoch wieder in den Fokus der Gesellschaft kommen. Das kritische Denken und die Entscheidungsfindung wird weiter in menschlicher Hand verbleiben.

KI-Systeme werden für uns große Datenmengen analysieren, damit wir auf der Basis dieser Informationen Entscheidungen treffen können. Komplexe Sachverhalte zu bewerten, abzuwägen und dann die richtigen Entscheidungen zu treffen, werden die wichtigsten Kompetenzen für die berufliche Tätigkeit von Menschen sein. Die menschliche Führung und das Management werden weiterhin entscheidend sein für den Erfolg von Unternehmen. Die Fähigkeit, Mitarbeiter zu motivieren, Ziele zu setzen und Projekte erfolgreich umzusetzen, wird auch in einer technologiegetriebenen Arbeitswelt von enormer Bedeutung sein. Dabei werden vor allem soziale Kompetenzen von Führungskräften wichtig sein, die in der Vergangenheit fast in Vergessenheit geraten wären.

In einer immer komplexeren und vernetzten Welt wird es immer wichtiger, KI Tools professionell bedienen und nutzen zu können, um über den eigenen Fachbereich hinaus zu denken und Zusammenhänge zwischen verschiedenen Disziplinen herzustellen. Menschen, die interdisziplinär denken und arbeiten können, werden in Zukunft gefragter sein als jemals zuvor und werden erstmals in der Lage sein, durch die Nutzung von KI auch in Bereichen tätig zu sein, in denen sie nicht über fundiertes Fachwissen verfügen. Die Verknüpfung von verschiedenen KI Tools ermöglicht interdisziplinäres Arbeiten auf einem hohen Niveau. Diese Kompetenzen sind in Zukunft entscheidend.

Es liegt an uns, diese Fähigkeiten weiter zu entwickeln und zu fördern, um eine Arbeitswelt zu schaffen, die für alle Menschen nachhaltig, erfüllend und sinnvoll ist.

Neue Berufsfelder und Chancen in der KI-Ära

Wie bereits aufgezeigt, werden in der neuen Arbeitswelt, die man durchaus als KI-Ära bezeichnen kann, zahlreiche neue Berufsfelder und Möglichkeiten entstehen. Anbei Beispiele für Berufe, die durch KI entstehen werden.

Da Künstliche Intelligenzen trainiert werden müssen, um effektiv arbeiten zu können, bedarf es des Berufes des KI Trainers. KI-Trainer sind Experten, die KI-Systemen beibringen, wie sie Aufgaben lösen und menschenähnliche Fähigkeiten entwickeln können. Sie sind für das "Lehren" von KIs zuständig und stellen sicher, dass sie ihre Aufgaben effizient und ethisch korrekt erfüllen. Sie kontrollieren Ergebnisse und greifen ein, wenn es notwendig ist.

Weiterhin werden Entwickler von ethischen Richtlinien und Standards für den Einsatz von KI benötigt. Diesen neuen Beruf könnte man KI-Ethiker nennen. Es wären Fachleute, die sich mit den ethischen Implikationen von KI-Anwendungen auseinandersetzen und sicherstellen, dass KI - Tools im Einklang mit unseren moralischen Werten und gesellschaftlichen Normen eingesetzt werden. Die Entwicklung von KI-Systemen und Robotern erfordert Fachwissen in Bereichen wie Informatik, Elektrotechnik und Mechanik. KI- und Robotik Ingenieure arbeiten an der Entwicklung, Implementierung und Optimierung von KI-Systemen und Robotern, um menschliche Arbeitskräfte zu ergänzen oder in einigen Fällen zu ersetzen.

In der KI-Ära sind Daten das neue Gold und von größter Bedeutung. Data Scientists und Analysten sind Experten im

Umgang mit großen Datenmengen, die sie analysieren. Sie helfen Unternehmen, datengetriebene Entscheidungen zu treffen und verbessern so ihre Geschäftsprozesse und -ergebnisse.

Insgesamt eröffnen sich in der KI-Ära noch viel mehr neue Berufsfelder und Chancen. Es werden noch viel mehr neue Berufe entstehen, die man derzeit noch nicht erahnen kann. Menschen werden zukünftig auch nicht mehr nur einen Beruf ausüben, sondern viele unterschiedliche Tätigkeiten, die KI - gestützt ausgeübt werden können.

Fazit: Die Zukunft gestalten, bevor sie uns überrollt

In diesem Buch wurden die beeindruckenden Fortschritte der Künstlichen Intelligenz (KI) und die potenziellen Auswirkungen auf unsere Arbeitswelt dargestellt. Ich habe zahlreiche Beispiele aus verschiedenen Berufen gegeben, um zu zeigen, wie KI-Systeme, wie beispielsweise ChatGPT, menschliche Arbeit ergänzen oder sogar ersetzen können. Ob diese Entwicklung positiv oder negativ ist, ist derzeit nicht einschätzbar. Es liegt an den Menschen selbst, die positiven Seiten der KI Tools zu nutzen, aber es wird zwangsläufig auch negative Entwicklungen geben, die im Buch teilweise aufgezeigt wurden. In den Monaten, in denen das Buch entstand, erreichten mich täglich neue Nachrichten zu dieser Thematik. In Zeitungen, im Fernsehen und vor allem im Internet ist das Thema omnipräsent.

Noch liegt die Zukunft der Arbeit in unseren Händen. Wir können eine Zukunft schaffen, in der KI und Menschen gemeinsam arbeiten, um unsere Welt zu verbessern. KI-Technologien wie

ChatGPT und andere werden immer leistungsfähiger und effizienter, aber letztendlich sind es wir, die bestimmen, wie diese Werkzeuge eingesetzt werden und wie sie unsere Arbeitswelt und unser Leben prägen. Die Rahmenbedingungen müssen nun durch Gesetze gesetzt werden, die die menschliche Arbeit schützt.

KI Tools werden die digitale Kluft überwinden, die zwischen verschiedenen Bevölkerungsgruppen und Ländern derzeit besteht. Selbst ohne nennenswerte Fachkenntnisse können Menschen produktiv in verschiedenen Tätigkeitsfeldern sein. Die Dominanz einer kleinen Elite könnte so beendet werden, zumindest teilweise. Der Dialog über die Zukunft der Arbeit wird die KI-Ära dauerhaft prägen. Traditionelle Denkweisen über Arbeit und klassische Arbeitsstrukturen werden hinterfragt werden müssen. Diese neue Arbeitswelt muss sowohl den Menschen als auch der Technologie gerecht werden.

KI kann Tätigkeiten übernehmen, die für Menschen langweilig oder nicht sinnvoll sind, sondern nur wertvolle Lebenszeit fressen. Künstliche Intelligenz muss zu einer Kraft für das Gute werden und kann eine gerechtere, inklusivere und nachhaltigere Welt für uns erschaffen. Noch ist es nicht zu spät die Entwicklung von KI in diese Richtung zu steuern, es liegt nur an uns, ob wir diesen Weg beschreiten. Vorerst.

Wissenschafter der University of Maryland haben zwischenzeitlich gemeinsam mit Forschern von IBM Research und Samsung eine KI entwickelt mit dem Namen AI - Descartes, welche eigenständig Naturgesetze entdeckt und formuliert hat. Es kann mathematische Formeln formulieren und passende Theorien dazu entwickeln.

Demnach kann KI nun auch logisch schlussfolgern. Die Transformation unserer Gesellschaft hat begonnen und ist unaufhaltsam. Das Europäische Parlament überlegt derzeit ChatGPT als Hochrisikotechnologie (Handelsblatt, 18.4.23) einzustufen. Risikomanagement, Transparenzpflichten und externe Audits sollen dem Unternehmen OpenAI auferlegt werden. Der sogenannte „Artificial intelligence Act" soll noch bis zum Jahr 2024 beschlossen und die Nutzung von KI generell gesetzlich geregelt werden. Frühstens 2025 könnte dieses Gesetz dann gelten. Wer sich die rasante Entwicklung der letzten Monate anschaut, weiß, dass ein Regelwerk, welches jetzt für das Jahr 2025 erstellt wird, keinen aktuellen Bezug haben wird und sicherlich neue Herausforderungen entstehen, die derzeit nicht absehbar sind. KI stellt eine Herausforderung für langwierige, politische Entscheidungsprozesse dar, es bleibt abzuwarten, ob und wie sich die Politik an diese Entwicklung anpassen wird.

Danksagung

Am Ende des Buches möchte ich meiner Frau danken, die mich immer in allen Bereichen unterstützt hat und auch bei der Entstehung dieses Buches beteiligt war. Ebenso danke ich meinen Eltern, die immer an mich geglaubt und mir beigebracht haben, sich große Ziele zu setzen und hart dafür zu arbeiten.

Impressum
Verlag: selbstveröffentlicht bei Amazon
Pavle Madzirov
Kamper Weg 235a
40627 Düsseldorf
Bibliografische Information der Deutschen Nationalbibliothek:
Die Deutsche Nationalbibliothek verzeichnet diese Publikation in der Deutschen Nationalbibliografie; detaillierte bibliografische Daten sind im Internet über http://dnb.dnb.de abrufbar.

www.ingramcontent.com/pod-product-compliance
Lightning Source LLC
LaVergne TN
LVHW051332050326
832903LV00031B/3486